Ob Lion Feuchtwanger, Oskar Maria Graf oder Erich Kästner, die großen Männer Münchens sind bestens bekannt und vielfach erwähnt. Dass es in München aber auch zahlreiche Frauen gab, die als Schriftstellerinnen, Frauenrechtlerinnen, Publizistinnen, Dramatikerinnen, Journalistinnen, Feuilleton-Chefinnen oder Verlegerinnen ihre Spuren hinterließen, lohnt einer genaueren Betrachtung: Denn unter ihnen sind erstaunlich viele ungewöhnliche Lebensläufe zu entdecken.

Claudia Teibler widmet sich diesen meist in Vergessenheit geratenen Frauen und schildert so nicht nur ein Stück Stadt-, sondern auch Emanzipationsgeschichte.

Claudia Teibler, geboren 1967, studierte Kunstgeschichte. Sie arbeitete viele Jahre für Tageszeitungen, bevor sie als Redakteurin und Autorin in den Magazinbereich wechselte und u. a. für Zeitschriften wie *Architectural Digest* schreibt. 2007 erschien ihr Buch *Warum Heiraten glücklich macht* sowie 2010 das Buch *Münchnerinnen, die lesen, sind gefährlich* im Elisabeth Sandmann Verlag.

insel taschenbuch 4439
Claudia Teibler
Münchnerinnen, die lesen, sind gefährlich

Der 2010 im Elisabeth Sandmann Verlag erschienene Originalband
wurde für die Taschenbuchausgabe um zwei Porträts gekürzt.

Erste Auflage 2016
insel taschenbuch 4439
Insel Verlag Berlin 2016

Umschlag, Innenseiten und Satz: *Schimmelpenninck.Gestaltung, Berlin*
Druck: *CPI – Ebner & Spiegel, Ulm*

Printed in Germany   ISBN 978-3-458-36139-8

Claudia Teibler

Münchnerinnen,
die lesen,
sind gefährlich

Insel Verlag

Neue Ziele in der Frauenbewegung

(Zeichnung von E. Thö

„Meine Damen! Die Emanzipation des Mannes können wir nur auf eine Weise wirksam und erfolgreich bekämpfen — indem diese „Sandengels" einfach niederknallen."

Vorwort

Wenn München leuchtet, sind es meistens die Männer, die im Licht stehen. Verschwindend gering ist der Anteil an Münchner*innen*, die Eingang in Sammelbände über bedeutende Persönlichkeiten aus der Isar-Metropole finden oder die in literarischen Anthologien auftauchen. Das liegt nicht unbedingt daran, dass es keine klugen, intellektuellen, tatkräftigen, ihre Zeit mitgestaltenden Frauen gäbe, die einer Erwähnung in solchen Werken würdig wären. Der Grund ist viel eher im Klischeebild der Münchnerin zu suchen – und zu dem passt es nicht, als Frau belesen zu sein und den Männern auf ihrem Gebiet Paroli zu bieten. Denkt man an Pariserinnen oder Berlinerinnen, entsteht im Kopf schnell das Bild einer mondänen Großstädterin, die sich extravagant gibt, selbstbewusst und – selbstverständlich – belesen. Natürlich ist auch die »typische« Münchnerin nicht im Dirndl steckengeblieben: Sie ist eine schöne, modische und weltläufige Frau – ihren Platz, so scheint es jedoch, findet sie nach wie vor an der Seite eines bedeutenden Mannes, dem

---

»Neue Ziele in der Frauenbewegung: ›Meine Damen!
Die Emanzipation des Mannes können wir nur auf e i n e
Weise wirksam und erfolgreich bekämpfen – indem wir diese
›Saubengels‹ einfach niederknallen.‹« Karikatur von Eduard Thöny,
Titelseite des »Simplicissimus«, 6. Februar 1911.

sie Glanz verleiht. Ein Paradebeispiel für das Klischee der modernen Münchnerin: Mona, die Freundin des Klatschreporters Baby Schimmerlos aus Helmut Dietls legendärer Serie »Kir Royal« aus dem Jahr 1986. Anfangs ein »Adabei« in der Bussi-Bussi-Gesellschaft, die sich um ihren Baby schart, wird sie sich erst allmählich ihrer Talente als Sängerin und auch ihrer intellektuellen Tiefen bewusst. Sie wird »gefährlich«, weil sie sich nicht mehr mit anderen über einen Kamm scheren lässt, nicht mehr ins Bild passt – wie alle Frauen, die mehr lesen, als sie lesen sollten (gemessen an der Meinung der Gesellschaft und ihrer Partner), die sich auf der Grundlage ihres Wissens eine fundierte Meinung bilden und diese oft genug gegen erheblichen Gegenwind vertreten und durchsetzen.

»Münchnerinnen, die lesen, sind gefährlich« betrachtet die Geschichte lesender Frauen in der bayerischen Hauptstadt von etwa 1870 bis in die 1990er-Jahre. Was sie erlebten, markiert sowohl ein Stück Stadt- als auch Emanzipationsgeschichte; beides wird in Einführungen zu den insgesamt fünf Kapiteln kurz erörtert. Die drei bis vier jeweils vorgestellten Frauen wurden so ausgewählt, dass ihre Biografien verschiedene Aspekte einer Ära beleuchten. Ein wirklich vollständiges Bild können diese Schlaglichter natürlich nicht entwickeln; hierzu hätte das Buch fünfmal so viele Frauenschicksale vorstellen und zehnmal umfangreicher werden müssen.

Der erste Abschnitt, »Gestutzte Flügel«, beschäftigt sich mit der Prinzregentenzeit, in der Frauen keine gehobene Ausbildung absolvieren, nicht studieren, ja nicht einmal das Abitur ablegen durften. Die Dramatikerin Elsa Bernstein, die sich gegen die Konventionen der Gesellschaft nicht durchsetzen kann, wählt die »klassische« Betätigung einer Frau ihrer Zeit und gründet einen Salon. Die Feministin Anita Augspurg pfeift auf alle Normen, lebt wie ein Mann und rät Frauen angesichts der

sie entmündigenden Eherechtsparagraphen, nicht mehr zu heiraten. Annette Kolb schließlich muss ein ödes »Höhere-Töchter-Dasein« fristen, bis sie mit über dreißig endlich als Schriftstellerin ernst genommen wird.

Die Frauen, die sich »Zwischen Wirtshaus und Rebellion« einen Platz im Umfeld der Schwabinger Boheme erkämpften, waren bereits aus anderem Holz geschnitzt – sie ernährten sich (und gegebenenfalls auch noch einen Mann) unter Einsatz ihrer persönlichen Talente und lebten selbstbestimmt, wenn auch abseits der ›guten‹ Münchner Gesellschaft: die Boheme-Gräfin Franziska zu Reventlow, die legendäre »Simplicissimus«-Wirtin Kathi Kobus und die tragische Lena Christ, die sich trotz

Die Gaststätte »Isarlust«, um 1900 ein Treffpunkt
modern gesinnter Münchner.

großer schriftstellerischer Erfolge mit achtunddreißig Jahren das Leben nahm.

Zwei von drei Protagonistinnen des Kapitels »Musen, Gefährtinnen, Kämpferinnen« suchten und fanden ihren Platz als Managerinnen, moralische Stützen und Inspirationsquellen im »Literaturbetrieb« ihres berühmten Ehemanns: Katia Mann und Marta Feuchtwanger. Die dritte, Constanze Hallgarten, scherte radikal aus dem Korsett ihrer großbürgerlichen Lebenswelt aus und engagierte sich für die gerade entstehende internationale Friedensbewegung.

»Verehrung, Verfolgung, Widerstand« beschäftigt sich mit zwei Frauenschicksalen im Dritten Reich: Während die »Hauptstadt der Bewegung« dem Agitator Adolf Hitler verfiel und den Nationalsozialisten zujubelte, versuchte Thomas Manns Tochter Erika noch in der Zeit der »Machtergreifung«, mit ihrem Kabarett »Pfeffermühle« Stimmung gegen den braunen Terror zu machen. Die Jüdin Gerty Spies schließlich lebte als alleinerziehende Gelegenheitsschriftstellerin in München, die die Schrecken des Konzentrationslagers im Schreiben zu verarbeiten versuchte.

Der Zusammenbruch des Naziregimes markiert eine Zäsur auch im Lebenskonzept von drei Frauen, die die Umstände der Zeit nach München verschlugen und die, jede auf ihre Weise, in der Stadt ihre Spuren hinterließen. An sie erinnert das abschließende Kapitel »Wiederaufbau«. Die Stuttgarterin Jella Lepman gründete mit viel Verve und Kampfgeist 1949 die heute noch existierende Internationale Jugendbibliothek und lieferte Erich Kästner die Idee für seine »Konferenz der Tiere«. Dessen Lebensgefährtin Luiselotte Enderle entwickelte mit dem berühmten Schriftsteller zusammen das weit über die Nachkriegszeit hinaus gerühmte Feuilleton der *Neuen Zeitung*, das dazu beitrug, Münchens Ruf als Zeitungsstadt und als intellektuelles

Zentrum zu festigen. Die Verlegerin Christa Spangenberg setzte sich mit ihrem Ellermann Verlag für anspruchsvolle Kinder- und Jugendliteratur ein.

Viele dieser Frauen wurden von ihren Zeitgenossen kontrovers wahrgenommen und suchten ihren ganz persönlichen Weg zwischen Anpassung und Auflehnung. Auch wenn der Weg für heutige Münchnerinnen weit weniger steinig ist: Viele Lebensberichte aus diesem Band sind eine Ermutigung, sich in den eigenen Plänen nicht von Widrigkeiten und Widerspruch beirren zu lassen. Münchnerinnen, die lesen, sind immer noch gefährlich – und gerade deshalb einen zweiten Blick wert.

Claudia Teibler

Gestutzte
Flügel

Elsa Bernstein · 1866–1949
Anita Augspurg · 1857–1943
Annette Kolb · 1870–1967

»Ich habe etwas zu sagen.
Was ich zu sagen habe ist wichtig.
Ich habe etwas zu sagen.«

Annette Korb

Romantische Gemüter nennen sie verklärend »die gute alte Zeit«, kritische Geister Kitschpostkarten-Idylle. Beides trifft zu auf das Bild, das München in der Prinzregentenzeit, oberflächlich gesehen, abgab: Mit Luitpold, dem dritten Sohn Ludwigs I., der mangels anderer geeigneter Thronfolger 1886 auf Ludwig II. folgte, kam ein volkstümlicher Monarch an die Macht, der die Jagd liebte und die Natur, der aber auch den Künsten wohlgesinnt war, wenn auch ohne ein so gezieltes programmatisches Konzept wie unter Ludwig I. oder Max II. Dementsprechend frei konnten sie sich entfalten. Etablierte Künstler wie Franz von Stuck oder Franz von Lenbach gehörten zu den führenden Köpfen der Stadt, ebenso das Großbürgertum – dessen Einfluss allerdings war weniger politischer als wirtschaftlicher Natur. Das gesellschaftliche Leitbild blieb der Adel, für Wohlhabende wie für weniger Begüterte, die sich mit unzähligen Luitpold-Memorabilien von der Tabaksdose bis zum Bierkrug wenigstens ein Stückchen monarchischen Glanz in die bescheidene Stube holten.

Die Industrialisierung, die andere bayerische Städte bereits komplett verändert hatte, fasste erst allmählich Fuß in München. Die Bevölkerung jedoch war bereits im Explodieren begriffen: Noch 1824 hatten in München 62 000 Menschen gelebt; 1855 waren es bereits 132 000, 1885 schon 260 000; um 1900 schließlich zählte die Stadt eine knappe halbe Million Einwohner. Dieser Wandel schlug sich, gerade in dieser vermeintlich so

beschaulich-erdverbundenen Epoche, in einer massiven Verän-
derung der gesamten Stadtstruktur nieder: Das bis in die 1860-er
Jahre hinein noch mittelalterliche Erscheinungsbild der Innenstadt verschwand; mondäne Bauten im zeitgemäßen, historis-
tischen Stil prägten nun das Gesicht der Stadt – der Justizpalast,
das Bernheimer Palais, das Künstlerhaus am Lenbachplatz, das
Nationalmuseum, das Prinzregententheater, das Müller'sche
Volksbad ... Die Anzahl der Theater verdoppelte sich; das in den
neu erbauten Warenhaus-Palästen – Oberpollinger am Stachus,
Tietz am Hauptbahnhof – angebotene Sortiment war vielfältig
wie nie zuvor: In nur 70 Jahren war aus der Kleinstadt München
eine Metropole geworden.

Getragen wurde diese Entwicklung allerdings vor allem von
Männern. Frauen war in der zweiten Hälfte des 19. Jahrhunderts
mehr denn je der Platz im häuslichen Bereich vorbestimmt: Zu
ihren Hauptaufgaben gehörten die Gestaltung und Führung
des behaglichen Heims und die Erziehung der Kinderschar;
ihr Kontakt zur Außenwelt, zur wirtschaftlichen wie gesellschaftlichen Realität des deutschen Kaiserreichs war äußerst
begrenzt. Eine berufliche Perspektive gab es, abgesehen von der
Karriere als Lehrerin, nicht. Selbst Frauen, die in die gerade auf-
kommenden Malschulen drängten oder als Schriftstellerinnen
durchaus achtbare Werke vorlegten, wurden in der Regel müde
belächelt. Bildungsmöglichkeiten? Waren praktisch nicht exis-
tent. Institute für höhere Töchter bereiteten Mädchen auf ihre
Aufgaben als Ehefrau, Gastgeberin und Mutter vor. An ein Uni-
versitätsstudium war ohnehin nicht zu denken: Immatrikulie-
ren durfte sich nur, wer eine Hochschulreife vorzuweisen hatte;
doch für Mädchen gab es keine Gymnasien. Wer Geld und Ehr-
geiz hatte, ging in die Schweiz: Dort konnten Frauen nicht nur
Abitur machen, sondern waren ab 1864 auch zum Studium zugelassen. Erst 36 Jahre später zogen die ersten Universitäten in

Deutschland nach: In Baden wurden im Jahr 1900 Frauen zunächst als Hörer, dann als immatrikulierte Studentinnen zugelassen, drei Jahre später – immerhin an zweiter Stelle im deutschen Reich – in Bayern.

Doch diejenigen, die die Möglichkeiten nutzten, nahmen einen Spießrutenlauf auf sich, weil sie weder von Professoren noch von Kommilitonen ernst genommen wurden. Wem diese »offene Rebellion« zu aufreibend war, dem blieb nur der »klassische« Weg für großbürgerliche Frauen, wenigstens ein Stück weit am geistigen Leben teilzuhaben: im eigenen Salon, der jede Woche an einem festgelegten Abend, dem Jour fixe, abgehalten wurde und zu dem sich Politiker, Wissenschaftler und renommierte Künstler einfanden und nach den Regeln der Höflichkeit gepflegte Konversation betrieben.

Zwar war München nie eine so ausgeprägte »Salon-Stadt« wie Paris oder Berlin, weil die gesellschaftlichen Zirkel weniger durchlässig waren als in anderen Städten, dennoch gab es in den letzten Jahren des 19. und im anbrechenden 20. Jahrhundert

Im Garten des Hofbräuhauses München, 1897.

19

eine ganze Reihe von »Jours fixes«, bei denen sich die geistige Elite der Stadt traf. Ganz so vornehm wie an der Seine oder Spree ging es indes selten zu: Meist bewirtete die Gastgeberin die nie vorhersehbare Anzahl an Gästen nicht aus eigenen Mitteln, sondern ließ das Dienstmädchen Essen und Bier aus einer nahe liegenden Wirtschaft holen und anschließend in der Runde das Geld einsammeln.

Diese »Jours fixes« brachten für die Gastgeberin aber nicht nur Erhellung, sondern auch eine erhebliche Last mit sich: Sie mussten diesen Tag definitiv zu Hause verbringen, die Räume

entsprechend herrichten, sich um erste Erfrischungen kümmern ... Deshalb begann das Salonwesen in München wie anderswo ab dem Moment zu erlahmen, ab dem sich die Frauen so weit emanzipieren durften, dass sie auch anderswo Begegnung und Bildung finden konnten.

Das Prinzregententheater in München vor 1914.

Elsa Bernstein

1866 – 1949

*»Der enge Platz um ihre Lagerstadt ward zum
Sammelplatz für viele, die Zuflucht und Trost im
Geistigen suchten – und fanden.«*

Gerty Spies über Elsa Bernstein

Geboren am 28. November 1866 in Wien • 1867 Übersiedlung der
Familie nach München • 1884 Schauspielerin am Braunschweiger
Hoftheater • 1887 Abbruch der Schauspielkarriere wegen eines Augen-
leidens • 1890 Heirat mit dem vermögenden Rechtsanwalt und Theaterkritiker Max Bernstein • Gründung des Salons in der Brienner
Straße 8a, der bis 1939 bestand • ab 1891 Veröffentlichung von Dramen
unter dem Pseudonym Ernst Rosmer, größter Erfolg: »Königskin-
der« • 1894 Grundlage von Engelbert Humperdincks gleichnamiger
Oper • 1894/1898 Geburt der Kinder Eva und Hans-Heinrich • 1904
intensive Förderung der Bekanntschaft zwischen Katia Pringsheim
und Thomas Mann • 1925 Tod Max Bernsteins • 1939 Vertreibung aus
der Wohnung in der Brienner Straße • 1942 Deportation nach Theresienstadt • gestorben am 12. Juli 1949 in Hamburg.

>> In ihrer Wohnung, hoch in der Briennerstraße, in einem runden Zimmer mit hellgrün tapezierten Wänden, erwartete die Hausfrau, ganz blond, meist in ein fließendes Gewand gekleidet, ihre Gäste. Hier habe ich Felix Weingartner und Hugo von Hofmansthal leidenschaftlich über neue Musik sprechen hören, hier erschien Ludwig Thoma und Ludwig Ganghofer, Thomas Mann, auch Franz Stuck und August von Kaulbach mit ihren schönen Frauen. Wenn die Jugend darum bat, setzte sich Hermann Levi ans Klavier und spielte Walzer vor.« So beschreibt der Volkskunde-Professor Friedrich von der Leyen die Atmosphäre des wichtigsten literarischen Salons im München des frühen 20. Jahrhunderts. Bei Elsa Bernstein traf sich, wer Rang und Namen hatte; dazu bat die Gastgeberin Nachwuchsschriftsteller, von deren Talent sie überzeugt war. Auch das Stiften von Bekanntschaften lag ihr am Herzen – zumindest zögerte sie nicht lange, als Thomas Mann sie 1904 fragte, ob er ihn vielleicht einmal gleichzeitig mit dem Fräulein Pringsheim – der späteren Katia Mann – einladen könne, die er bislang nur von Blickwechseln in Konzertsälen und der Straßenbahn kannte. Alles erweckte den Anschein, als sei ihr die Rolle der im Hintergrund wirkenden Literaturförderin und

---

Das zeitgenössische Porträt zeigt die österreichische Schriftstellerin Elsa Bernstein, die viele ihrer Werke unter dem Pseudonym Ernst Rosmer veröffentlichte.

Ehefrau auf den Leib geschrieben. »Wie stolz sie als Hausfrau, wie liebreich sie als Mutter der kleinen Eva sein kann (...). Sie ist selbst eine leise und weiche Natur und steht dem ›Frauemanzipationstreiben‹, welches reichlich in Blüte steht, ganz fern«, schrieb Rainer Maria Rilke. Doch auch wenn ein Großteil ihres Lebenslaufs anderes vermuten lässt: Ganz so fern stand sie diesem »Emanzipationstreiben« gar nicht – nur fand sie keine Möglichkeit, ihr Leben dauerhaft nach diesen Zielen auszurichten. Ihrer Karriere als Schauspielerin – einer der wenigen Berufe neben dem der Lehrerin, in dem eine Erwerbstätigkeit für Frauen überhaupt möglich war – setzte ein Augenleiden ein frühes Ende; ein in Aussicht gestelltes Engagement ans Wiener Burgtheater konnte sie nicht mehr antreten.

Bei ihrer »zweiten« Karriere fand sie in einem Freund des Vaters tatkräftige Unterstützung, den sie seit ihrem 13. Lebensjahr kannte: dem zwölf Jahre älteren, vermögenden Rechtsanwalt und Theaterkritiker Max Bernstein. Er unterstützte ihre Ambition, selbst Dramen zu schreiben, und half ihr über manche anfängliche Hürde. Als sie ihren Mentor drei Jahre später im Herbst 1890 heiratete, war ihr Weg geebnet in eine durch und durch bürgerliche Existenz. Ihren Traum von einem freien, unabhängigen Dasein lebte die 23-Jährige nun in ihren Theaterstücken aus: Unter dem Pseudonym Ernst Rosmer, gewählt als Huldigung an Ibsens Drama »Rosmersholm«, veröffentlichte sie ab 1891 Schauspiele in der kraftvollen, manchmal derben Sprache des Naturalismus. Wieder und wieder stellte sie ihre Protagonistinnen vor den Konflikt, mit dem alle Frauen aus Bernsteins Generation konfrontiert waren: das Zerrissensein zwischen familiären Pflichten und beruflicher Eigenständigkeit, zwischen Liebe, Ehe und persönlicher Freiheit. Mit dieser Kluft sah sich, trotz eines fortschrittlich denkenden Ehemanns und eines freigeistigen Bekanntenkreises, auch die im Korsett der

bürgerlichen Normen und gesellschaftlicher Vorurteile gefangene Elsa Bernstein konfrontiert. Obwohl die Kritik ihre ersten Werke euphorisch feierte, hatte Bernstein mit starkem Gegenwind zu kämpfen. Dass Frauen Novellen, Romane, vielleicht auch noch Gedichte schrieben, mochte ja noch angehen. Aber Dramen? Diese Königsdisziplin der Dichtkunst erfordere einen Kampfmenschen, eine Herrennatur ... Eine Frau aber, die glückliche Gattin und Mutter sei, habe durch die bei der Geburt wirkenden Kräfte jede Fähigkeit zur gerade für das Drama nötigen geistigen Konzentration verloren, durfte Elsa Bernstein in zeitgenössischen Beurteilungen ihres Schaffens lesen. Schließlich nahm auch die Publikumsresonanz auf ihre Dramen ab; Elsa Bernsteins letzte Stücke erschienen im Selbstverlag, dann resignierte sie: Um 1910 gab sie das Schreiben auf und widmete sich ihrem Salon und ihren beiden Kindern.

Blick in den Salon der Münchner Villa des deutschen
Schriftstellers Paul Heyse, 1910.

Der Salon blieb ihr Lebenselixier, auch als die Kinder aus dem Haus und ihr Ehemann 1925 gestorben war. Fast blind, führte sie ihn, unterstützt von ihrer bei ihr lebenden Schwester Gabi, weiter, bis die Nazis sie 1939 zwangen, ihre großzügige Wohnung in der Brienner Straße zu räumen, weil sie Jüdin war. Doch selbst in den beengten Verhältnissen der ihr und ihrer Schwester zugewiesenen Quartiere ließ sie den Kontakt zu jungen Literaten nicht abreißen. Mit dem Schriftsteller Franz von Wesendonk führte die Blinde, nach Gefühl auf der Schreibmaschine tippend, einen regen Briefwechsel. Wesendonk publizierte die Briefe nach dem Krieg; sie sind nicht nur eine berührende, persönliche Chronologie der Ereignisse während

Der Salon blieb das Lebenselixier von Elsa Bernstein,
Fotografie aus dem frühen 20. Jahrhundert.

der Judenverfolgung in München, sondern zeigen auch den Mut, die Hellsichtigkeit und den Humor, mit dem Elsa Bernstein durchs Leben ging: »Woher kommt dieser Wunsch, sein Leben auch für Dinge einzusetzen, die es nicht wert sind? Gibt es überhaupt noch Helden? Und, Franz, viel an Belastung vermag man ja kaum mehr zu ertragen«, schrieb sie im Herbst 1939. »(...) Was kann man da noch erwarten als die Katastrophe? Doch das wissen Sie so gut wie ich, das weiß der Trambahnschaffner so gut wie der Major aus dem Generalstab. Xyherfftgxdjg... Schreibmaschinenunglück, das ich eben noch bemerkt habe. So ist schon wieder ein schöner Satz verloren. Ich glaube, ich wollte die abgeschiedene Welt meiner Blindheit loben ...«

Als in größter Not die Rettung winkt – Richard Wagners Schwiegertochter Winifred, eine alte Bekannte, hatte für Elsa Bernstein eine Ausreisegenehmigung in die USA erwirkt –, lehnt sie ab: Sie hätte ihre zunehmend gebrechliche Schwester in Deutschland zurücklassen müssen. »Was mir geholfen hat, ist meine Verantwortlichkeit für Gabi, die ich nicht Unmöglichem aussetzen kann. Ich will mich nicht von ihr trennen. Eine ›Flucht‹ ohne sie wäre Verrat. Wenn Du noch irgend etwas von einem Gebetlein in Dir hast, so bete, daß mir mein Wagnis weiterhilft«, schreibt sie im November 1941 an Wesendonk.

Anfang Juni 1942 werden die Schwestern nach Theresienstadt deportiert. Gabi stirbt nur vier Wochen später; Elsa Bernstein aber entfaltet in dieser widrigen Umgebung ein letztes Mal ihr ermutigendes Mit- und Feingefühl, das manchem Mithäftling die Kraft gibt, das Grauen durchzustehen. Eine junge Münchnerin, Gerty Spies, die in Theresienstadt ihre ersten Schreibversuche unternahm, um mit dem Erlebten fertigzuwerden, wurde eines Tages zu Elsa Bernstein geführt: »Eine wohltönend tiefe Stimme lud mich mit etwas pathetischer Ernsthaftigkeit zum Sitzen ein. Ich nahm Platz, begann zu le-

Die Dramatikerin mit ihrem Mann, dem Justizrat und Schriftsteller Max Bernstein, 1904; man beachte die Pose: Frauen wurden auf offiziellen Fotografien nur als inspirierendes Beiwerk ins Bild gesetzt.

sen – und nun überraschte mich jenes beglückende kleine Erlebnis, das ich jedesmal wieder zum Geschenk erhalten sollte, so oft ich ihr vorlas: Frau Elsa neigte mit einer unvergleichlichen Gebärde – nie vorher und nie nach ihr hat ein Mensch mir so zugehört – ihren Kopf zur Seite. Ihr Ohr auf mich zu, ihre Züge sammelten sich – und diese vertrauensvolle Spannung, die sich mir darbot, musste mich ja ermutigen, alle Hemmungen zu zerstreuen.« Spies wurde nach ihrer Befreiung Schriftstellerin; Elsa Bernstein ging zu ihrer Tochter nach Hamburg. Die letzte Aufgabe, die sie sich selbst stellte, war die Niederschrift ihrer Erlebnisse in Theresienstadt für ihre Angehörigen. Ein Glücksfall führte dazu, dass dieses Dokument 1999 unter dem Titel »Das Leben als Drama« publiziert werden konnte. Wie schon in den »Briefen an den Soldaten Franz« skizziert das Manuskript nicht nur präzise die Lebensverhältnisse der Gefangenen in Theresienstadt aus der Sicht einer Blinden, sondern berührt durch seine von Vorurteilen und Anklagen völlig freie, von leisem Humor durchzogene Schilderungen, vor allem aber durch die zwischen den Zeilen immer wieder aufglimmende, nie erlöschende menschliche Wärme.

Anita Augspurg

1857 – 1943

*»In Zukunft muss der Zwang aufhören,
dass in der Ehe gleich die Hauswirtschaft
für die Frau dabei ist!«*

Geboren am 22. September 1857 in Verden nahe Bremen • bis 1886
Ausbildung zur Lehrerin in Berlin, anschließend Schauspielunter-
richt • 1887 Gründung des Fotoateliers Elvira in München gemeinsam
mit Sophie Goudstikker • ab 1891 Engagement in der Frauenbewegung, Studium der Jurisprudenz in Zürich, erste deutsche promo-
vierte Juristin • ab 1902 Gründung eines »Vereins für Frauenstimmrecht« in Hamburg, 1913 in München • ab 1904 Zusammenleben mit
der Hamburger Frauenrechtlerin Lida Gustava Heymann, Betreiben
kleiner landwirtschaftlicher Betriebe im Isartal und in Peißenberg •
ab 1914 Engagement für den Weltfrieden, Gründung der »Internationalen Frauenliga für Frieden und Freiheit« (IFFF) • 1919 bis 1933
Herausgabe der Zeitschrift *Die Frau im Staat* • ab 1933 Exil in Zürich •
gestorben am 20. Dezember 1943 in Zürich, wenige Monate nach ihrer
Lebensgefährtin, Lida Gustava Heymann.

S chon das Haus, das Anita Augspurg baute, war vielen Münchnern mehr als suspekt: Türkisblau leuchtete die Fassade der Von-der-Tann-Straße 15; zwei Etagen hoch formten kühn geschwungene Linien in Violett- und Türkistönen ein bizarres Stuckornament. Ein Vogel? Ein Drache? Bald hatte das von August Endell entworfene Fotoatelier Elvira den Spitznamen »Drachenhaus« weg. Heute ist das Gebäude, das von den Nazis seines auffälligen Schmucks beraubt und schließlich im Krieg von Bomben zerstört wurde, weltberühmt: als einziger reiner Jugendstilbau Münchens. Bei seiner Einweihung 1898 war er für konservative Gemüter ein Affront – genauso wie die Lebensweise derer, die es in Auftrag gegeben hatten: Augspurg und ihre Partnerin Sophie Goudstikker. Elf Jahre zuvor waren die energische Lehrerin und Schauspielerin und die geschäftstüchtige Malschülerin aus Dresden nach München übergesiedelt – die Hauptstadt Bayerns galt als Kunstzentrum, vor allem aber als liberalste Stadt im deutschen Reich. Und liberaler Geist war genau das, was die beiden Frauen suchten. Mit ihrem neuen, gemeinsamen Leben und ihrem Unternehmen wollten sie mit jeglichen Konventionen brechen: eigenständig ihren Lebensunterhalt verdienen, sich keinem Ehemann unterwerfen, Rad fahren, die Haare kurz schneiden, Kleider ohne Korsett tragen – und Frauen so fotografieren, wie sich sonst nur Männer zu

Porträt von Anita Augspurg, Fotografie aus dem Jahr 1910.

inszenieren pflegten: als Gelehrte und Denker. Bald florierte das ungewöhnliche Atelier, seit 1893 durfte es sogar die Bezeichnung »Hof-Atelier« führen.

Doch während Sophie Goudstikker in dieser Aufgabe aufging, war der Bildungs- und Reformhunger von Anita Augspurg nicht gestillt. Beide Freundinnen hatten sich in der Frauenbewegung engagiert; Augspurg war von deren Zielen bald völlig erfüllt. Um das Rüstzeug zu haben, fundiert für die Frauenrechte kämpfen zu können, ging sie 1891 nach Zürich, um Jura zu studieren.

Hintergrundwissen in Sachen Jurisprudenz war bitter nötig: In Deutschland wurde über die letzten Entwürfe des Bürgerlichen Gesetzbuches beraten – und die enthielten, aus weiblicher Perspektive, untragbare Zumutungen: Zwar war eine volljährige Frau mündig, konnte über Wohnort und Beruf entscheiden, Verträge abschließen und Geldgeschäfte abwickeln. Wenn sie aber heiratete, verlor sie alle diese Rechte wieder – ihr Ehemann durfte ihre Anstellung kündigen, einen Umzug beschließen, sogar ihr Vermögen ausgeben, ohne sie auch nur zu fragen. »Es gilt der Rechtssatz, ein gesetzlich erworbener Status kann nicht wieder verlorengehen außer durch Gebrechen oder Verschulden – und obwohl die Ehe kein Gebrechen ist und kein Verschulden, so wird die Frau mit ihrer Eingehung vom Stande der Handlungsfähigkeit in den der Nichthandlungsfähigkeit zurückgestoßen«, argumentierte Augspurg in einer Protestnote. Die Frauenverbände liefen nicht nur mit fachlichen Beschwerden Sturm, sondern auch mit einem Aufruf zum Eheboykott. Alle Bemühungen halfen nichts: 1900 trat das BGB in Kraft, inklusive aller die Ehefrauen entrechtenden Paragraphen. Erst 1976 (!) konnten sich die Gesetzgeber dazu durchringen, das Eherecht zu Gunsten der Frauen zu reformieren.

Trotz dieses Misserfolgs bot die Jahrhundertwende für Anita

Augspurg aufregende Perspektiven: Sie engagierte sich für das Frauenwahlrecht, publizierte politisch-feministische Artikel und begann eine Liebesbeziehung, die bis zum Tod beider Partnerinnen bestehen sollte: mit der Hamburger Frauenrechtlerin Lida Gustava Heymann. Wegen des liberaleren gesellschaftlichen Klimas zog Heymann 1904 zu Augspurg nach München; beide engagierten sich in Spitzenpositionen der internationalen Frauenbewegung, reisten viel, schrieben politisch provokante Artikel, genossen aber auch das freie Leben in der Natur des Isartals.

1904 bauten sich Augspurg und Heymann als Sommersitz eine Villa mit großem Obst- und Gemüsegarten in Irschenhausen: das »Haus Wiesel«. 1908 übersiedelten sie sogar auf einen richtigen Bauernhof bei Peißenberg. Die Nachbarn waren dem

Links: Das »Fotoatelier Elvira« war vielen Münchnern nicht nur wegen seiner »wilden« Fassade suspekt. Hier wurde auch mit fotografischen Konventionen gebrochen, Frauen wurden wie Männer inszeniert.
Rechts: Anita Augspurg setzte sich in ihrem Arbeitszimmer typisch männlich als Gelehrte in Szene.

Frauen-Paar, das den abgehalfterten Hof zum Blühen gebracht hatte, alles andere als freundlich gesinnt. Nach zwei Brand-anschlägen und einer schweren Krankheit Anita Augspurgs kehrten die beiden ins »Haus Wiesel« zurück.

Während der Jahre auf dem Land hatte das Paar sein Enga-gement in der Frauenbewegung keineswegs eingeschränkt. Die Positionen von Augspurg und Heymann waren sogar so streit-bar und radikal, dass sie sich mit mancher gemäßigteren Mit-streiterin überwarfen. 1914, das Säbelrasseln vor dem Ausbruch des Ersten Weltkriegs war bereits unüberhörbar, begannen sie ihre Stimmen für den Frieden zu erheben. Doch die kuriosen Gebräuche des oberbayerischen Dorfs verlangten von den bei-

den Pazifistinnen den Dienst an der Waffe – für eine Nacht: Sie mussten, nicht anders als männliche Irschenhausener Haushaltsvorstände, Wache gehen. »Im August 1914, im Zeitalter der Technik, wanderten Anita und ich in unseren kurzen Garten-Arbeitskitteln weit, weit ab vom Kriegsschauplatz mit einer antiken Hellebarde in herrlichem Mondschein durch die Dorfmark und das stille Dorf«, erinnert sich Heymann an die kuriose Pflicht. »Hin und wieder tauchte, wohl zur Kontrolle, der Kopf eines Bauern am Fenster auf. Waren wir müde, saßen wir am Wiesenrand (...); in solchen Stunden spürt wohl ein jeder, wie schön die Welt sein könnte, wenn die Männer an Stelle von Gewalt und Dummheit Vernunft, Geist und Menschlichkeit setzen würden.«

Während des Kriegs brachte sie ihr Engagement für den Frieden an den Rand der Illegalität: In den Augen von Obrigkeit und Gesellschaft kamen pazifistische Bestrebungen einem Vaterlandsverrat gleich. In dieser Zeit stärkten die Frauen ihre wirtschaftliche Unabhängigkeit: 1915 bauten sie ein neues Haus: Die »Burg Sonnensturm« in Icking, mit vier Hektar Wiese und Wald, die nach Kräften genutzt wurden, um die kriegsbedingte Nahrungsmittelknappheit auszugleichen.

Beim Friedensschluss im November 1918 fanden sich die deutschen Frauen in einer veränderten politischen wie ökonomischen Position wieder: Sie bekamen nicht nur das Wahlrecht, sondern konnten auch, ohne scheel angesehen zu werden, ihren Lebensunterhalt verdienen. Die beiden altgedienten Kämpferinnen – Augspurg war zu diesem Zeitpunkt 61, Heymann 50 – definierten für sich und die Frauenbewegung sofort neue Ziele: Wichtig sei nun, bei den Frauen ein reflektiertes Bewusstsein

Anita Augspurg (links) und weitere Mitstreiterinnen
des »Vereins für Frauenstimmrecht«.

für die Vorgänge in Land und Gesellschaft zu schaffen. Zu diesem Zweck gründeten sie die Zeitschrift *Die Frau im Staat*, die nicht nur für Frauenfragen eintrat, sondern auch unbequeme politische Positionen bezog und auf Missstände aufmerksam machte, die von der landläufigen Presse gern einseitig dargestellt wurden. Dass sie sich damit keine Freunde machten, war absehbar, wurde von ihren Leserinnen aber hoch geschätzt. Dennoch geriet die Zeitschrift in die Mühlen der Inflation – Augspurg und Heymann verkauften 1923 ihren gesamten Besitz, sogar die »Burg Sonnensturm«, um *Die Frau im Staat* am Leben zu erhalten. Nun blieb ihnen nur noch ihre kleine Münchner Mietwohnung in der Kaulbachstraße 12.

Gleichzeitig drohte neue Gefahr, von rechts. Den aufstrebenden Nationalsozialisten waren Friedensversammlungen, wie sie Augspurg und Heymann organisierten, ein Dorn im

Anita Augsburg (Dritte von rechts) und der Kongress
des »Verbandes fortschrittlicher Frauen«, 1901.

Auge. Als ein Schlägertrupp der Nazis bei einer pazifistischen Veranstaltung im Januar 1923 einige Zuhörer krankenhausreif schlug, sprachen die Frauenrechtlerinnen beim bayerischen Innenminister vor und drangen darauf, den Österreicher Hitler als Anführer dieser Schlägervereinigung aus Bayern auszuweisen. Ein Vorstoß, der wieder einmal ihren ungebrochenen Mut bewies, sich aber als fatal erweisen sollte: Beim Hitlerputsch im November 1923 standen Augspurg und Heymann ganz oben auf der Liste zu liquidierender Personen; nur die frühzeitige Zerschlagung des Putsches verhinderte ihre Gefangennahme.

1933 hatten sie ein weiteres Mal Glück: Während der Machtergreifung befanden sie sich auf einer Auslandsreise, von der aus die beiden betagten Damen direkt nach Zürich ins Exil gingen. Ihre Münchner Wohnung, die Archive ihrer Zeitschrift – nichts von alledem haben sie je wiedergesehen. Sie starben, in der Folge von nur wenigen Monaten, 1943 in der Schweiz.

Annette Kolb
1870 – 1967

»Ich habe etwas zu sagen.
Was ich zu sagen habe ist wichtig.
Ich habe etwas zu sagen.«

Geboren am 3. Februar 1870 in München • 1899 selbstfinanzierte
Publikation des Buches »Kurze Aufsätze« • 1900 Beginn von Kolbs
»Privatdiplomatie« zur Aussöhnung von Deutschland und Frankreich • 1912 wird ihr Roman »Das Exemplar« ein literarischer Erfolg •
1915 Rede für europäische Völkerverständigung und gegen kriegs-
treiberischen Nationalismus • 1916 bis 1919 Exil in der Schweiz • 1923
Übersiedelung nach Badenweiler im Markgräfler Land, literarische
und politische Publikationen • 1933 Flucht aus Deutschland, Exil in
Paris, ab 1941 in New York • 1945 Rückkehr nach Europa, Wohnsitz in
Paris • 1961 Übersiedelung nach München • 1967 Israelreise, gestorben
am 3. Dezember.

Die ersten dreißig Jahre im Leben von Annette Kolb verliefen, auf den ersten Blick, nicht anders als bei vielen »höheren Töchtern« ihrer Zeit. Die Schulbildung reichte gerade, um an der Seite eines Ehemannes mit Halbbildung zu glänzen, aber keineswegs, um einen anspruchsvollen Beruf zu ergreifen. Ein Studium war, wenn kein Aufenthalt in der liberaleren Schweiz finanziert werden konnte, ausgeschlossen. Also lebte man in beklemmendem Nichtstun, präsentierte sich im mütterlichen Salon und unternahm, je nach Neigung, malerische, literarische oder musikalische Versuche, die von niemandem ernst genommen wurden. Dabei hatte Kolb, Tochter eines Gartenarchitekten und einer französischen Pianistin, zwei durchaus bemerkenswerte Talente: als Schriftstellerin wie am Klavier. Ein durchschlagender Erfolg aber blieb ihr bis 1912 versagt. Ihr erstes Buch, »Kurze Aufsätze«, das sie 1899 auf eigene Kosten herausbrachte, wurde in den literarischen Salons der Stadt verrissen, ansonsten blieb es unbeachtet.

Das Ungewöhnliche an Kolbs Kinder- und Jugendjahren ist zunächst die unterschiedliche Nationalität ihrer Eltern: Sie wuchs mit zwei Sprachen und verschiedenen nationalen Gesinnungen auf – die Mutter verstand sich zeitlebens eher als Französin denn als Münchnerin. Und sie kannte nicht nur die glänzende Oberfläche der großbürgerlichen Welt, sondern auch

Porträt von Annette Kolb aus dem Jahr 1955.

deren Schattenseiten. Denn Geld war im Hause Kolb, trotz exzellenter Verbindungen zu deutschen und französischen Politiker- und Künstlerkreisen, ständig knapp. Mit sechs wurde Annette auf ein Internat nach Tirol geschickt – ihre Aufnahme war die Gegenleistung für einen Garten, den ihr Vater dort geplant hatte. Das Essen war so knapp bemessen, dass Kolb, als sie mit zwölf Jahren nach München zurückkam, wegen Mangelernährung nur noch schütteres Haar hatte. Den Rest ihres Lebens trug sie Hüte. Reiste die Familie nach Paris, stieg sie zwar in einem repräsentativen Hotel ab, streckte aber das Frühstück mit Hilfe eines Spirituskochers über den ganzen Tag. Als 1896 auch noch Annette Kolbs Bruder Emil wegen Spielschulden Hals über Kopf das Land verließ, war sie ihrer Mitgift und damit jeglicher Perspektive auf eine gute Partie beraubt.

Die Liebe und die damit verbundene Hingabe des Selbst waren der charakterstarken jungen Frau allerdings ohnehin suspekt. Lieber knüpfte sie Freundschaften und widmete sich politischen Zielen. Ihr wichtigstes: eine Aussöhnung »ihrer« beiden Nationen Deutschland und Frankreich, deren Verhältnis sich ab 1900 so sehr verschlechterte, dass es in der völligen Isolation Deutschlands vor dem Ersten Weltkrieg gipfelte. Kolbs mutige »Privatdiplomatie« brachte sie in Kontakt mit französischen, englischen und deutschen Botschaftern und führte nicht nur dazu, dass sie in Paris einmal in den Ruf geriet, eine Doppelagentin zu sein, sondern auch, dass sie die einzige belegte Liebe ihres Lebens traf, einen Angehörigen der britischen Gesandtschaft in München. Eine wirkliche Beziehung entwickelte sich aus dieser zärtlichen Zuneigung allerdings nicht. Es blieb bei gelegentlichen Treffen, Theater- und Konzertbesuchen und der Inspiration zu einem Roman: Wenigstens konnte »Das Exemplar« 1912 den literarischen Bann brechen. Die Kritik jubelte, Rainer Maria Rilke schickte euphorische

Annette Kolb, Gemälde von Hugo von Habermann,
Ölporträt, 1903.

Glückwünsche; ein Jahr später wurde die Schriftstellerin mit dem Theodor Fontane-Preis ausgezeichnet. Weitere literarische Arbeiten wurden indes vom heraufziehenden Ersten Weltkrieg und Annette Kolbs unumwundenen politischen Äußerungen überschattet: Auch in einer Zeit absoluter Frankreich-Animosität plädierte sie für die Aussöhnung beider Länder. In einer Rede vor der Literarischen Gesellschaft in Dresden griff sie 1915 die nationalistische, kriegstreiberische Presse beider Länder scharf an – eine Äußerung, die so verdreht wurde, dass Kolb als Vaterlandsverräterin gebrandmarkt wurde und, nach zahllosen Repressalien, 1916 in die Schweiz ins Exil ging.

Obwohl sie zeit ihres Lebens den Bayern, ihrer Sprache und ihrer Lebensart verhaftet blieb, kehrte sie von dort nicht nach

Blick in die belebte Weinstraße in München, um 1900.

München zurück: 1923 kaufte sie sich im Kurort Badenweiler im Markgräfler Land ein Haus in unmittelbarer Nachbarschaft zu ihrem Freund René Schickele, einem Elsässer und Deutsch-Franzosen, der ihre Zerrissenheit zwischen beiden Vaterländern teilte.

In den Zwanzigerjahren wurde Kolb zu einer vielgelesenen Autorin, blieb aber auch ihrem innersten Anliegen treu und setzte sich in zahllosen Essays intensiv mit dem Thema Völkerverständigung auseinander. Die Abenteuerlust kam der passionierten Reisenden nie abhanden. 1932 machte sie, mit über sechzig, den Führerschein und kaufte sich ein Auto. Die dunklen Wolken, die aufzogen, nahm sie nicht ernst. Noch am 18. Februar 1933 sprach sie im Westdeutschen Rundfunk über den Zerfall Deutschlands, der durch die »Harlekinaden des slowakischen Parteibuchdeutschen – gegenwärtig Reichskanzler« in ziemliche Nähe gerückt sei. Der Brief eines besorgten Freundes bewog sie dann aber doch, drei Tage später nach Paris und 1941 weiter nach New York zu fliehen.

In der Neuen Welt konnte sich die über Siebzigjährige nicht wirklich zurechtfinden: Geldmangel, Angstzustände und ihre Entwurzelung machten ihr so sehr zu schaffen, dass sie, trotz vieler Warnungen von Freunden, im Oktober 1945 die erste sich bietende Gelegenheit ergriff, um nach Europa zurückzukehren. Doch der zerstörte Kontinent bot ihr keine Heimat mehr: In ihrer Pariser Wohnung hatten sich Kollaborateure eingenistet, ihr Haus in Badenweiler war heruntergekommen. Also nahm sie Quartier in einem Pariser Hotel, das bis 1961 ihr Wohnsitz bleiben sollte. München besuchte sie 1946. »Unauffindbar das Haus, selbst die Straße, in der wir einst lebten, nur Trümmer rings umher. Straßenbahnen mit ausgemergelten Gestalten zum Ersticken voll, auch an die Stufen der Zugänge geklammert, auf welchen man sie mitfahren ließ, weil ihre Füße sie nicht

mehr trugen.« Mehr noch als die Zerstörung entsetzte sie die Uneinsichtigkeit der Menschen, die das Geschehene verdrängten und keinerlei Bereitschaft zeigten, sich mit dem Dritten Reich, seinen Gräueln und Folgen auseinanderzusetzen – eine Haltung, die sie aus den Jahren nach dem Ersten Weltkrieg noch zu gut kannte. Als sie Anfang der Fünfzigerjahre im Bayerischen Rundfunk sprechen sollte, hielt es der zuständige Redakteur aufgrund ihrer bekannt ungeschminkten Redeweise für angebracht, ihr ein paar Maßregeln mit auf den Weg zu geben. Ein Affront. »Und da sagt der Mann an der Radio-Station, dies kann man den Deutschen nicht sagen, und jenes nicht«, empörte sie sich später. »Aber einer muss es ihnen doch sagen.« Mehr Gehör fand sie, als Adenauer die deutsch-französische Freundschaft zum erklärten politischen Ziel erhob. Nun wurde Kolb,

---

Karikatur der Schriftstellerin Annette Kolb, undatiert.

die zeit ihres Lebens für diese Idee eingetreten war, mit Ehrungen überhäuft – was der kaum mehr gelesenen Schriftstellerin zwar eine nie gekannte Popularität einbrachte, aber keine Einkünfte, die ihre nach wie vor angespannte finanzielle Lage hätten bessern können. Bis ins hohe Alter blieb ihr nichts anderes übrig, als zu schreiben und auf Lesereisen zu gehen. Erst 1961 – mit einundneunzig – gab sie, auf das Drängen von Freunden und Verwandten, ihr unstetes Leben auf. Sie kündigte ihr Pariser Hotelzimmer und zog nach München in die Bogenhausener Händelstraße. Politisch blieb sie rege wie stets: Sie wechselte Briefe mit Charles de Gaulle, Theodor Heuss, Konrad Adenauer oder dem bayerischen Ministerpräsidenten Alfons Goppel und äußerte sich kritisch zu gesellschaftlichen Entwicklungen, etwa der immer stärkeren Orientierung aller politischen Entscheidungen an der Marktwirtschaft. Und noch ein Wunsch nahm Anfang der Sechzigerjahre Gestalt an: Sie wollte Israel besuchen. Sieben Jahre brauchte sie, um die Reise zu finanzieren. 1967 schließlich, acht Monate vor ihrem Tod, betrat die Nimmermüde das Gelobte Land. Auch nach ihrer Rückkehr unternahm sie noch Ausflüge, vor allem in ihrer bayerischen Heimat, die ihr so sehr am Herzen lag. »Das bayerische Volk ist wieder, wie es war«, hatte sie 1962 erleichtert geschrieben, als die Münchner Charles de Gaulle bei seinem Staatsbesuch zujubelten, »friedliebend und ohne Hass für andere Völker«.

Zwischen Wirtshaus
und Rebellion

Franziska zu Reventlow · 1871–1918
Kathi Kobus · 1854–1929
Lena Christ · 1881–1920

»Nun stimmet an mit frohem Sinn /
und brüllt aus vollem Leibe /
Das Lied der Kathi Kobusin /
Und ihrer Künstlerkneipe«

Ringelnatz, »Simplicissimus-Lied«

I n den letzten zwanzig Jahren der Prinzregentenzeit geschah
etwas Absonderliches: München bekam seinen Mythos, der
sich ausgerechnet in einem Stadtteil manifestierte, der gerade
eben erst – 1891 – eingemeindet worden war: Schwabing. Weil
die Mieten nördlich des Siegestors billiger waren als im Zentrum der expandierenden Residenzstadt, ließen sich dort vor
allem Künstler und wenig vermögenskräftige Lebenskünstler
nieder; die wohlsituierten Bürger hatten schnell einen Namen
für dieses »Gesindel« weg, der in heutigen Ohren romantisch
klingt, damals aber einen abschätzigen Beigeschmack hatte:
Bohemien, hergeleitet vom französischen Begriff für den Böh-
men, gleichbedeutend mit Zigeuner; in Österreich und Bayern
gab es den entsprechenden Begriff des Schlawiners – gemeint
waren damit Hausierer aus Slowenien; und unter »Schlawiner«
fiel, wie Viktor Mann beschreibt, »alles, was hinter den tausend
Schwabinger Atelierfenstern malte und Ton knetete, in den
Mansarden dichtete, sang oder Noten schrieb, in kleinen Gast-
häusern Schulden machte und in Cafés Nihilismus oder Ästhe-
tentum verkündete. Voraussetzung war nur, dass sich der Künstler
in Kleidung und Gehaben unbürgerlich gab. Tat er dies, so war
er eben auch als geborener Mecklenburger, Franzose, Rhein-
länder, Norweger oder Thüringer ein Schwabinger Schlawiner.«
Anziehend für Künstler aus ganz Europa war die scheinbare Li-
beralität, die in München herrschte – anders als in Preußen gab
sich das Herrscherhaus bürgernah und besuchte Volksfeste

und öffentliche Anlässe, ohne sich durch eine unüberwindliche militärische Phalanx abschotten zu lassen. Die antipreußische Grundhaltung war eine der wenigen Gemeinsamkeiten, die die grundverschiedenen, in Schwabing vertretenen Strömungen einte. Ein anderer Punkt, an dem sich der »Schwabinger Geist« manifestierte und in Gemeinsamkeit entzündete, war der Protest gegen die 1900 verabschiedete »Lex Heinze«, ein restriktives und höchst umstrittenes Gesetz zur Erhaltung der Sittlichkeit in der Kunst, gegen Nacktheit auf Bildern und Skulpturen – und im realen Leben sowieso.

Die Schwabinger waren auf der Suche nach einer neuen Moral, die sich, wie andere Reformbewegungen der Zeit auch,

Die Wirtin Kathi Kobus (1854–1929) eröffnete 1903 in der Türkenstraße 57 die Künstlerkneipe »Simplicissimus«. Diese war neben dem legendären »Café Stefanie« ein Treffpunkt der Künstler und Boheme in Schwabing. Zu den Stammgästen zählten Frank Wedekind, Ludwig Thoma, Erich Mühsam, Oskar Maria Graf, Franz Marc und Franziska zu Reventlow. Foto um 1920.

gegen Prüderie und Sexualfeindlichkeit wandte, die aber auch mit dem zerbröckelnden Rollenverständnis der Frau einherging: Die Gesellschaft gerade der zweiten Hälfte des 19. Jahrhunderts idealisierte angeblich typisch weibliche Eigenschaften wie Geduld, Sanftmut und Liebesverlangen, um die im Haus waltende Frau als Gegenpol zur nüchternen, vermännlichten Arbeitswelt zu mystifizieren – ein Geschlechtsmodell, das zwingend gelebt wurde, auch wenn sich manche Familien dies hätten rein wirtschaftlich eigentlich gar nicht leisten können. Nicht nur die Frauenbewegung suchte im Gegensatz dazu nach einem neuen Rollenbild der Frau; auch wenige progressiv eingestellte Damen verschiedenster Herkunft versuchten, mit mehr oder weniger Glück, ein Leben abseits des vorgezeichneten Pfades einzuschlagen. Der Schriftsteller Ernst von Wolzogen bündelt diese Suche in seinem 1899 erschienenen – in viele Sprachen, sogar ins Japanische übersetzten – Roman »Das dritte Geschlecht«, in dem viele Protagonisten und vor allem Protagonistinnen der Schwabinger Boheme porträtiert sind: Während eine lebenslustige, überaus sinnliche ledige Mutter – unschwer ist sie als Franziska zu Reventlow zu identifizieren – als Idealbild der neuen Frau inszeniert wird, findet der Begriff »drittes Geschlecht«, ursprünglich eine Bezeichnung für Homosexuelle, auf solche Damen Anwendung, die sich nicht, nach etwaigen erotischen Experimenten, doch in die klassische Mutterrolle fügen, sondern – wie Anita Augspurg – ihre Haare abschneiden, auf eine Bindung an einen Gatten verzichten und selbst leben wie ein Mann. Für Frauen dieses Schlages waren nicht einmal die freizügigen Gemüter der Boheme bereit, vom Rest der Gesellschaft ganz zu schweigen; und die Geschlechtsgenossinnen, die versuchten, ein eigenständiges und dennoch ganz und gar weibliches Leben zu leben, zahlten für ihr Wagnis oft genug einen hohen Preis.

Franziska zu Reventlow

1871 – 1918

»Ich will und muss einmal frei werden;
es liegt nun einmal tief in meiner Natur, dieses maßlose
Streben, Sehnen nach Freiheit.«

Geboren am 18. Mai 1871 in Husum • 1891/92 Besuch des Lehrerinnen-seminars in Lübeck • 1893 Verlobung mit dem Gerichtsassessor Walter Lübke, Aufenthalt in München, Malereiausbildung • 1894 Rückkehr nach Norddeutschland, Heirat mit Walter Lübke, ab Herbst erneut Aufenthalt in München • 1896 Scheidung wegen »fortgesetzten Ehebruchs« • 1897 Kontakt zu Rainer Maria Rilke, Oskar Panizza und Albert Langen, Geburt von Sohn Rolf • 1899 bis 1903 Begegnungen mit u.a. Ludwig Klages, Stefan George und den Kosmikern, Veröffentlichung des Romans »Ellen Olestjerne«, 1903 bis 1906 Wohngemeinschaft mit dem Maler Bohdan von Suchocki und dem Studenten Franz Hessel in der Kaulbachstraße • 1910 bis 1917 Umzug nach Ascona, Veröffentlichung der Romane »Herrn Dames Aufzeichnungen« und »Der Geldkomplex« • gestorben am 26. Juli 1918 nach einem Fahrradunfall.

>>Ich will überhaupt lauter Unmögliches, aber lieber will ich das wollen, als mich im Möglichen schön zurechtzulegen<<, notiert Franziska von Reventlow 1903 in ihr Tagebuch. Ein Satz, der sich liest wie ein Lebensmotto: Im gleichen Jahr wird die 32-Jährige, ledige Mutter eines Sechsjährigen eine weitere Unmöglichkeit wagen – sie wird mit zwei Männern, einer davon ist ihr Liebhaber, in eine Wohnung in der Kaulbachstraße ziehen. Und sie hat bereits mehrere Unmöglichkeiten hinter sich gebracht; sie kennt den Preis, der für geistige und körperliche Freiheit zu zahlen ist. Ihr Elternhaus in Lübeck verstieß sie, als sie nicht nur im als subversiv geltenden »Ibsen-Club« der Stadt verkehrte, sondern auch noch eine – platonische – Liebesbeziehung mit einem Mitglied unterhielt. Von dem Hamburger Gerichtsassessor Walter Lübke, der ihre ersten beiden Aufenthalte in München zum Zwecke einer Malerei-Ausbildung finanziert hatte, wurde sie 1896 wegen fortgesetzten Ehebruchs geschieden. Geheiratet hatte sie ihn zwei Jahre zuvor, als sie von ihrem Liebhaber, einem polnischen Maler, schwanger geworden war; später erlitt sie eine Fehlgeburt.

Die Münchner Boheme war fasziniert von der Frau, die nicht nur ihrem Geist, sondern auch ihrem Körper Freiheiten erlaubte, die sich auf unverbindliche Liebesbeziehungen mit diversen Protagonisten der Schwabinger Boheme einließ, dar-

Franziska zu Reventlow und ihr Sohn Rolf im Jahr 1898.

unter der Philosoph Ludwig Klages, der Geologe Albrecht Hentschel und der Schriftsteller Karl Wolfskehl. Für sämtliche geistigen Strömungen der Münchner Moderne stellte sie ein Ideal dar: Sie lebte ungebunden und unkonventionell, ohne sich die Ideale der Frauenbewegung auf die Fahne zu schreiben. Sie wurde, wegen ihrer sexuellen Freizügigkeit, aber auch wegen ihrer Bildung, ihrer Eloquenz, ihres Humors und ihrer Schönheit als moderne Hetäre verehrt. Und da sie ihre Mutterrolle sehr ernst nahm – den Namen des Vaters ihres 1897 geborenen Sohns Rolf gab sie nie preis –, erfüllte sie auch noch vorbildlich diese archaischste aller weiblichen Aufgaben, die selbst bei den avantgardistischsten Bohemiens als primärer Sinn und Zweck eines Frauenlebens galt.

Über die Schattenseiten dieses Lebens sahen die Idealisten Schwabylons, sieht man auch heute noch bei einem romantisch- verklärten Blick auf das Leben der Boheme, gerne hinweg. Franziska zu Reventlow, die immerhin sich und ihren Sohn allein über Wasser halten musste, stand permanent vor dem finanziellen Abgrund. Ständig musste sie umziehen, weil ein Vermieter sie wegen Zahlungsrückständen vor die Tür gesetzt hatte. Ihrem eigentlichen Ziel, Malerin zu werden, kam sie keinen Schritt näher, weil sie permanent gezwungen war, irgendwie Geld aufzutreiben: Sie versuchte sich als Schauspielerin, als Glasmalerin, prostituierte sich, fertigte schlecht bezahlte Übersetzungen für den Albert Langen Verlag an, schrieb Rezensionen, Erzählungen, später Romane, die ihr zwar eine bis heute anhaltende literarische Bekanntheit sicherten, nicht aber die Existenz. Die Tatsache, dass sie bis zu ihrer Zeit in Ascona keine länger anhaltende Beziehung zu einem Mann einging, machte die Lage nicht einfacher – denn so war auch von Seiten eines Partners keine kontinuierliche finanzielle Unterstützung zu erwarten. Zwar versuchten einige Männer, etwa der Philosoph

Ludwig Klages, behutsam ordnend in Reventlows chaotisches Leben einzugreifen, doch war weder dem Liebesverhältnis noch den daraus erwachsenen Anregungen eine über zwei Jahre hinausreichende Dauer beschieden. Zu den monetären Schwierigkeiten kamen anhaltende gesundheitliche Probleme, mehrere Operationen, schließlich 1904 die körperlich wie psychisch überaus belastende Fehlgeburt von Zwillingen, die sie von ihrem damaligen Lebensgefährten, dem Maler Bohdan von Suchocki, erwartet hatte.

In ihrer fortschrittlichen Denk- und Lebensweise aber ließ Franziska zu Reventlow sich nicht beirren. Wie weit sie ihrer Zeit voraus war, beweist ihr 1904 gefällter Entschluss, ihren nun schulpflichtigen Sohn selbst zu unterrichten. Die Erlaubnis dazu wurde nur erteilt, weil sie nachweisen konnte, dass sie 1892 selbst das Lehrerinnenexamen abgelegt hatte. Eine überaus mutige Entscheidung, nicht nur im Hinblick auf die herrschen-

Franziska zu Reventlow in der Küche des »Eckhauses« in der Kaulbachstraße 63, wo sie gemeinsam mit ihrem Freund Bohdan von Suchocki und Franz Hessel von 1903 bis 1904 in einer Wohngemeinschaft lebte.

den gesellschaftlichen Konventionen und erzieherischen Ansichten – »... muss ihn ganz frei und für mich haben, dass mir das schöne grade Bäumchen nicht verkrümmt wird«, fand sie –, sondern auch im Hinblick auf ihre Lebenssituation. Die Perspektive, nun die Hälfte jeden Tages in die Unterrichtung ihres Sohnes investieren zu müssen, dürfte sich nicht gerade erleichternd ausgewirkt haben.

1910 wurde ihre materielle Lage derart erdrückend, dass sie schweren Herzens ihrer lieb gewonnenen Wahlheimat München den Rücken kehrte, um nach Ascona überzusiedeln – nicht aber, um sich auf dem Monte Verità den dort versammelten Anhängern der Lebensreform-Bewegung anzuschließen. Sie zog an den Lago Maggiore, um in der Hoffnung auf eine stattliche Erbschaft eine Scheinehe mit dem baltischen Baron Alexander von Rechenberg-Linten einzugehen. Als dessen Verwandtschaft dem Betrug auf die Schliche kam, zerschlug sich auch diese Perspektive. Dennoch blieb sie in der Schweiz; an eine Rückkehr

Diese Aktfotografie Franziska zu Reventlows hing jahrelang
in der Wohnung ihres Geliebten, Ludwig Klages.

war für die nun mit einem russischen Pass ausgestattete Franziska zu Reventlow nach dem Ausbruch des Ersten Weltkriegs auch gar nicht mehr zu denken. Außerdem wurde die umtriebige, lebenshungrige Gräfin ruhiger. 1911 hatte sie in Locarno einen Rechtsanwalt kennengelernt, mit dem sich eine feste Liebesbeziehung entwickelte. »... das hiesige Idyll besteht immer noch – man wird alt und beständig«, schrieb sie Freunden 1916. Zu einer Heirat, zu der sie der Geliebte drängen wollte, konnte sie sich allerdings nicht entschließen. Das Idyll fand ein anderes, tragisches Ende: Im Juni 1918 stürzte Franziska zu Reventlow vom Fahrrad und verletzte sich schwer; während der darauf folgenden Operation starb sie, mit siebenundvierzig Jahren, an Herzversagen.

Die alten Münchner Freunde waren schockiert – wegen ihres plötzlichen Todes, aber auch wegen ihres nach ihrem Tod veröffentlichten Tagebuches, das auch die depressiven, dunklen Seiten einer Frau offenbarte, die die meisten nur als fröhliche, ausgelassene Figur wahrgenommen hatten. Nur Erich Mühsam, der Schriftsteller, Anarchist und überaus kluge Beobachter, hatte schon früh erkannt, was sich hinter der strahlenden Fassade verbarg: »(...) sie war ein froher Mensch, dessen Frohsinn aus dem tiefsten Ernst des Charakters kam. Wenn sie lachte, dann lachte der Mund und das ganze Gesicht, dass es eine Freude war, hineinzusehen«, schreibt er in seinen »Unpolitischen Erinnerungen«. »Aber die Augen, die großen, tiefblauen Augen, standen ernst und unbewegt mitten zwischen den lachenden Zügen.« Er erkannte die tiefe Misere ihres Lebens und bewunderte umso mehr, dass sie inmitten »Krankheit, Schulden, Pech jeder Art« die Fähigkeit behielt, »Glück zu genießen«.

Kathi Kobus

1854 – 1929

»Nun stimmet an mit frohem Sinn /
und brüllt aus vollem Leibe /
Das Lied der Kathi Kobusin /
Und ihrer Künstlerkneipe«

Ringelnatz, »Simplicissimus-Lied«

Geboren am 7. Oktober 1854 in Niklasreuth im Chiemgau • um 1872 kommt sie, unehelich schwanger, nach München; das Kind stirbt wenige Monate nach der Geburt • 1901 Wirtschafterin in der Künstlerkneipe »Dichtelei« in der Türkenstraße • 1903 Eröffnung des Weinlokals »Simplicissimus« • 1908 Ringelnatz wird Hausdichter im »Simplicissimus« • 1909 Eröffnung des Lokals »Kathis Ruh« in Wolfratshausen • 1911 Ausscheiden aus dem »Simplicissimus«, 1915 Eröffnung einer Wirtschaft in Heidelberg • 1917 Rückkehr in den »Simplicissimus«, 1920 Verkauf von »Kathis Ruh« • 1929 nach Verlust ihres Vermögens durch die Inflation stirbt sie am 7. August.

Das Herz der Schwabinger Boheme schlug nicht bei einer Malerin oder Dichterin, bei keiner Intellektuellen oder Hetäre, sondern bei der Tochter eines Traunsteiner Pferdehändlers. Eine ledige Schwangerschaft hatte das Mädchen, das in seiner Heimatstadt nicht nur ihrer roten Haare wegen als wilde »Kobus-Füchsin« bekannt war, etwa um 1872 nach München verschlagen; allerdings starb ihr Sohn vier Monate nach der Geburt. Kathi Kobus hielt sich als Bedienung über Wasser, betrieb eine Zeitlang ein Fleisch- und Wurstwarengeschäft in der Sendlinger Straße, führte einen »Delikatessenhandel im Kleinen« in der Orlandostraße, wurde schließlich Wirtschafterin einer Gaststätte am Lenbachplatz. Ihre eigentliche Berufung entdeckte sie erst mit Mitte vierzig: Sie stülpte sich eine schwarze Perücke über die langsam ergrauenden roten Haare und wechselte als Wirtschafterin in die »Dichtelei«, eine Kneipe am Rande Schwabings, in der Türkenstraße, wo sich Studenten und Schauspieler trafen, Zeichner und Schriftsteller der Zeitschrift »Simplicissimus«, die jungen Maler der Secession, die Mitglieder des Kabaretts »Die elf Scharfrichter« – eben die »Münchner Avantgarde auf allen Gebieten«, wie der »Scharfrichter«-Mitbegründer Otto Falckenberg selbstbewusst feststellte. Dieses Klima war wie geschaffen für Kathi Kobus mit ihrer bodenständigen Herzlichkeit, ihrem Verständnis für alle,

Porträt von Kathi Kobus, undatierte Aufnahme.

die sich ihren Lebensweg außerhalb der bürgerlichen Normen suchten, ihrer pragmatischen Art, ihrer Geschäftstüchtigkeit und ihrer Kunst, selbst einen ganz gewöhnlichen Abend in ein ausgelassenes Fest zu verwandeln. Als feststand, dass die »Elf Scharfrichter« am anderen Ende der Türkenstraße ihr Kabarett eröffnen würden, handelte die Kobus schnell: Sie beantragte beim Gewerbeamt eine Konzession als Pächterin der »Dichtelei«, die am 8. Mai 1901 erteilt wurde. Die Ordnungshüter dürften diesen Tag verflucht haben, denn von nun an wurde das Weinrestaurant zu einem Zentrum »von vagabundierendem Künstlertum und an keine Zeremonien gebundene Fröhlichkeit aller Art Außenseiter«, wie Erich Mühsam in seinen »Unpolitischen Erinnerungen« festhielt. Auch nach Theater oder Kabarett konnte hier noch munter gezecht werden, mancher Dichter oder Künstler gab zu vorgerückter Stunde aus dem Stegreif eine kleine Vorstellung, und die ledige Kathi Kobus und ihre Bedienungen gerierten sich auch nicht immer so, wie

Silvesterfeier im »Simplicissimus«, 1912.

es Zucht und Ordnung verlangt hätten. Ärger mit der Polizei
gehörte zur Tagesordnung; und mit den wachsenden Beschwerden schraubte der Vermieter den Pachtzins immer weiter in die
Höhe. Deshalb sah sich Kathi Kobus zwei Jahre später gezwungen, mit ihrer Kneipe umzuziehen: in die zwei Häuserblocks
weiter gelegene Wein-, Kaffee- und Flaschenbierwirtschaft
»Zum Kronprinz Rudolf«. Dass sie trotz des Polizeiregisters
ihrer »Dichtelei« auch für diese Gaststätte eine Konzession bekam, ist nur ein Zeugnis für das erstaunliche Überzeugungs-
talent der Kathi Kobus; weitere sollten folgen. So gelang es ihr,
ihre illustren Gäste zu animieren, sie beim Umzug der Kneipe
tatkräftig zu unterstützen. Der Dichter René Prévot, der damals in der »Dichtelei« am Studenten-Stammtisch saß, erinnert sich: »Der Tag X war der 1. Mai 1903. Wir alle waren voll-
zählig versammelt. Galt es doch, in einem grotesken Umzug
ohnegleichen, ohne Möbelwagen, alles, was die ›Dichtelei‹
enthielt – außer Wänden und Mauern –, in das neue Lokal hin-
überzuschaffen. Mit brennenden Kerzen setzte sich der Zug in
Bewegung. Wedekind mit der Gitarre voran, hinterdrein mar-
schierten wir anderen mit Tischen und Stühlen, Theke und
Weinregalen, Eisschrank und Vorräten ... Mit einem ausgiebi-
gen Fest wurde die Kathi und ihre ›Neue Dichtelei‹ gefeiert.«

Allerdings durfte sie den Namen »Neue Dichtelei« nicht
weiter führen; dagegen legte der alte Vermieter sein Veto
ein. Der Coup, den Kobus daraufhin landete, ist bis heute
fast so legendär wie ihre Kneipe selbst: Gegen eine erhebliche
»Sektspende« schwatzte sie dem »Simplicissimus«-Zeichner
Rudolf Wilke in feuchtfröhlicher Runde die Erlaubnis ab,
den Namen der berühmten Zeitschrift für ihre Kneipe benutzen
zu dürfen – inklusive Thomas Theodor Heines rotem »Simplicissimus«-Hund als Erkennungszeichen. Der Verleger Albert
Langen schäumte – schließlich hatte Wilke für eine derartige

Zusage überhaupt keine Befugnis. Von der nun folgenden Unterredung berichtet Kathi Kobus selbst: »Ich bin sehr ungnädig von ihm empfangen worden. Aber da hab ich mich auf die Knie gschmissn und hab g'sagd: ›Herr Langen‹, hab i g'sagd, ›Herr Langen, Sie müssen mir den Namen lassen, ich hab scho' alle Schilder bestellt, machen Sie mich nicht unglücklich!‹ Er hat zerschd bloss gschaud und überlegd, und dann hod er gmoand: ›Hol dich der Teufel‹ – des war seine Erlaubnis.« Was folgt, ist ein bis heute unverzichtbarer Bestandteil des Mythos Schwabing: Animiert von der Wirtin, die zum Auftakt mit eher mäßiger Begabung einige G'stanzln zum Besten gab, traten auf der Bretterbühne, gegen ein Glas Bowle oder ein Abendessen als Gage, Dichter und Sänger der Schwabinger Avantgarde auf; Hans Gustav Bötticher alias Ringelnatz wurde Hausdichter; Maler, die ihre Zeche nicht bezahlen konnten, schleppten ihre Bilder an, die dann, dicht an dicht, ins Lokal gehängt wurden. Eine Mäzenin aber, als die sie sich selbst gerne darstellte, war die Kobus nie: Die Anziehungskraft ihrer teilweise bereits prominenten Gäste machte die relativ schmalen Ausgaben für deren Honorare oder Freigetränke spielend wett, und bei den in Zahlung genommenen Bildern kalkulierte sie deren potentielle Wertsteigerung mit ein. Dennoch finanzierte sie, als der Maler Anton Ažbe – Lehrer von Alexej Jawlensky und Wassili Kandinsky und eingefleischter »Simplicissimus«-Stammgast – 1905 starb, Beerdigung und Grabpflege.

Resolut und geschäftstüchtig führte sie ihr Lokal durch die leuchtenden Jahre Schwabings, erkannte aber auch den Zeitpunkt, an dem der Zenit überschritten war: 1909 kaufte sie sich ein Ausflugslokal in Wolfratshausen, das sie »Kathis Ruh«

Rechts: Plakatwerbung für die Künstlerkneipe
von Kathi Kobus, um 1910.

nannte, 1911, mit siebenundfünfzig, zog sie sich zum Wehklagen ihrer Gäste aus dem »Simplicissimus« zurück. Die Kneipe blieb eine Institution, wurde aber zunehmend zu einer Attraktion für Touristen oder Bürger, die sich für einen Abend »wie die Künstler« amüsieren wollten. Und Kathi Kobus wurde das ländliche Wolfratshausen rasch zu eng. 1915 eröffnete sie ein Weinlokal in Heidelberg, das 1917 wieder schließen musste. Kobus kehrte, als Angestellte, in den »Simplicissimus« zurück, verkaufte 1920 »Kathis Ruh« – eine fatale Entscheidung: Von ihrem stattlichen Vermögen blieb ihr nach der Inflation nur ein

Der »Simpl« in Schwabing während
seiner Blütezeit. Im Publikum vorne links
sitzt Kathi Kobus.

kläglicher Rest. Mit achtundsechzig gab sie ihre Stellung als Wirtin auf, behielt aber die Wohnung im zweiten Stock über der Kneipe – und war weiterhin jeden Abend im »Simpl« anzutreffen. Noch 1929 war die inzwischen 75-Jährige auf zahllosen Festen unterwegs – kaum eine Nacht soll sie vor acht Uhr morgens nach Hause gekommen sein. Im August des Jahres starb die lebens- und feierfreudige Wirtin – an einer Vergiftung, die sie sich durch verdorbene Hummermayonnaise zugezogen hatte.

Lena Christ

1881 – 1920

»Bin i da Garneamand?«

aus
»Erinnerungen einer
Überflüssigen«

Geboren am 30. Oktober 1881 als uneheliches Kind in Glonn • 1888 Übersiedelung nach München, in die Gastwirtschaft des Stiefvaters • 1901 Ehe mit dem Buchhalter Anton Leix; Geburt der Kinder Toni, Leni und Alexandra zwischen 1902 und 1906 • 1909 Trennung von ihrem alkoholkranken Mann • 1911 Anstellung als Diktatschreiberin bei dem Schriftsteller Peter Jerusalem • 1912 Heirat mit dem Bohemien Peter Jerusalem, genannt Benedix; Veröffentlichung der »Erinnerungen einer Überflüssigen« • 1913 bis 1919 literarischer Erfolg • 1920 Liaison mit dem Sänger Lodovico Fabbri; wirtschaftliche Notlage, die Christ durch das Fälschen von Unterschriften auf Bildern zu beheben sucht • Selbstmord am 31. Juni 1920.

In ihren glücklichsten Jahren unterhielt die Schriftstellerin Lena Christ in einem der nobelsten Münchner Viertel eine Art Miniaturbauernhof: In einem Landhäuschen in der Kuglmüllerstraße in Gern grunzten im Keller fünf Schweine, durch den Garten sprangen zwei Geißen inklusive Zicklein, dazu diverse Kaninchen, Enten, Hühner und eine Gans, die »Hilekilegans«, die jeden Morgen ins Bett der Hausherrin durfte. Das ungewöhnliche Idyll währte vom Spätherbst 1916 bis zum Herbst 1917; es wurde zum Mekka für kriegsbedingt hungrige Literaten- und Künstlerfreunde, war aber keineswegs nur ins Leben gerufen worden, um angesichts der angespannten Ernährungslage auf eigene Vorräte zurückgreifen zu können. Obwohl Christ bereits mit sieben Jahren nach München gekommen war, vermittelte ihr das Landleben ein Gefühl von Geborgenheit, wie es ihr die Stadt nicht geben konnte. Denn während das unehelich geborene Mädchen aus einfachsten Verhältnissen im Hause ihres geliebten Großvaters in Glonn glückliche Kindertage verlebte, bedeutete die Übersiedelung in die Stadt, wo ihre Mutter inzwischen einen Gastwirt geheiratet hatte, seelische und körperliche Pein: Die Siebenjährige musste in der Wirtschaft in der Sandstraße kräftig mit anpacken und wurde von der Mutter kontinuierlich gedemütigt und geschla-

Die Aufnahme zeigt die bayerische Schriftstellerin
im Alter von siebzehn Jahren.

gen. Erst 1898, mit siebzehn, wagte sie einen Ausbruchsversuch –
sie wollte in ein Kloster eintreten. Eineinhalb Jahre später war
sie wieder zu Hause: Die Maßregelungen der Nonnen erschienen ihr noch einengender als die unbarmherzige Hand der Mutter. 1901 heiratete sie einen alkoholkranken Buchhalter; acht
Jahre blieb sie bei ihm, körperlicher und sexueller Misshand-
lungen zum Trotz, und brachte drei Kinder auf die Welt. 1909
schließlich fasste sie den Mut zur Trennung. Da hatte ihr Mann
bereits ihre komplette Mitgift verspekuliert; Christ stand mit
ihren drei Kindern völlig mittellos da. Um wenigstens eine
Unterkunft zu haben, entschied sie sich, eine Neubauwohnung
in Haidhausen, in der noch das Wasser von den Wänden lief,
»trockenzuwohnen«. Bald war die Gesundheit von Mutter und
Kindern durch Hunger, Kälte und Feuchtigkeit ruiniert; Christ
war am Tiefpunkt ihres Lebens angelangt. »Oft war die Versu-
chung in mir aufgestiegen, dem Leben ein Ende zu machen; oft
hatte ich am Abend den Hahn der Gasleitung zwischen den Fin-
gern, doch die Hoffnung auf eine bessere Zukunft ließ mich das
nicht vollbringen, was die Verzweiflung mir eingab.«

Mehr als eine schöne Handschrift hatte Christ allerdings
bisher nicht vorzuweisen gehabt, um darauf eine Zukunft zu
bauen; von ihrem literarischen Talent ahnte sie nichts. Erst einmal schalteten sich die Behörden ein, lieferten die schwer kran-
ke Lena Christ in ein Krankenhaus ein und brachten die Kinder
in ein Kloster. Bis 1911 ist nicht bekannt, wo Christ wohnte oder
womit sie Geld verdiente; dann, im Spätwinter dieses Jahres,
bekam sie eine Anstellung als Diktatschreiberin bei dem
Schriftsteller Peter Jerusalem, der sich nach 1933 Benedix nannte.
Er ließ sich die Geschichte ihres Lebens erzählen und war von
ihren lebendigen, von jedem Selbstmitleid freien Schilderungen
so beeindruckt, dass er sie aufforderte, ihre Erlebnisse nie-
derzuschreiben; als Anregung drückte er ihr Gottfried Kellers

Oben: Lena Christ im Alter von dreiunddreißig Jahren.
Unten: Das Titelblatt der »Erinnerungen einer Überflüssigen«,
erschienen 1912.

»Grünen Heinrich« und einige Bücher von Jeremias Gotthelf in die Hand. Christ las – und schrieb; bald lebte sie mit Jerusalem zusammen und arbeitete konsequent an ihrem ersten Buch. Durch Vermittlung von Ludwig Thoma konnte sie ihr Manuskript bei *dem* Münchner Verlagshaus überhaupt präsentieren, dem Albert Langen Verlag. Die »Erinnerungen einer Überflüssigen« erschienen Anfang September, wenige Tage zuvor hatte Lena Christ Peter Jerusalem geheiratet.

Von nun an waren die Aufgaben klar verteilt: Benedix, der sich als echter Bohemien verstand und sich von regelmäßiger Berufstätigkeit in seiner Freiheit eingeengt fühlte, überließ das Geldverdienen seiner Frau: Die machte sich rasch einen Namen – die »Erinnerungen einer Überflüssigen« verkauften sich gut; die an Ludwig Thomas »Lausbubeng'schichten« angelehnten »Lausdearndl-G'schichten« (1913) wurden zwar verrissen, sorg-

Links: Das Haus in der Wilhelm-Düll-Straße in Gern,
in dem Lena Christ von 1912 bis 1914 wohnte.
Rechts: Lena Christ mit ihren beiden Töchtern (hinten v.l.n.r.)
sowie der Leiterin und den Kindern eines benachbarten Kinderheims
im Garten der Kuglmüllerstraße, 1916.

ten aber, wegen der Anklänge an Thoma, für einen handfesten Skandal, der ihren Namen noch bekannter machte. 1914 erschien, als Hommage an ihren geliebten Großvater, »Matthias Bichler« und ein Buch, das heute kaum noch geläufig ist, ihr damals aber ungeheure Popularität bescherte: »Unser Bayern anno 14«, veröffentlicht kurz nach dem Ausbruch des Ersten Weltkriegs. Es enthielt Berichte über das Militärleben aus der Sicht der gemeinen Soldaten. Zwei weitere Bände folgten; 1916 wurde sie sogar von König Ludwig III. empfangen, der sehr berührt war von der schlichten, geraden Art dieser Frau, die schrieb, wie sie dachte. Im gleichen Jahr erschien der Roman »Rumplhanni«, drei Jahre später »Madame Bäuerin«. Doch da war die kurze Zeit des Glücks im Leben Lena Christs schon wieder verstrichen. Peter Jerusalem war eingezogen worden; die ohnehin depressive Lena Christ litt unter seiner Abwesenheit. Auf einem Heimaturlaub 1918 bat Jerusalem einen jungen, fröhlichen Sänger namens Ludwig Schmidt – sein Künstlername lautete Lodovico Fabbri –, sich um seine schwermütige Frau zu kümmern. Eine Bitte, die ungeahnte Folgen hatte: Christ verliebte sich so heftig in den Schürzenjäger, dass sie sich von ihrem Mann trennte. Da ein Gutteil der Einkünfte aus ihren Büchern an Jerusalem floss, stand Lena Christ 1920 vor dem finanziellen Nichts. Um an Geld zu kommen und den jungen Geliebten halten zu können, imitierte sie die Unterschriften bedeutender Künstler und setzte sie unter billigstes Gepinsel. Die Kunstfälschungen waren so ungeschickt, dass sie bald aufflogen. Doch die Kraft, auch noch diese Krise zu meistern, hatte Lena Christ nicht mehr: Um der Schande eines Gerichtsverfahrens zu entgehen, nahm die verzweifelte 38-Jährige am 30. Juni auf dem Münchner Waldfriedhof Zyankali.

Musen, Gefährtinnen, Kämpferinnen

Katia Mann · 1883–1980
Constanze Hallgarten · 1881–1969
Marta Feuchtwanger · 1891–1987

»Mein Leben war reich und bunt,
voller Spannungen und Hoffnungen – Erfolge und
Enttäuschungen – es stand unter einer Idee.«

Constanze Hallgarten

Mit dem Ersten Weltkrieg erlosch nicht nur das alte Europa, sondern auch der Mythos München. 1914 noch war die Weltstadt an der Isar eine der führenden Metropolen Europas gewesen: Die Schriftsteller der Schwabinger Boheme schrieben Weltliteratur, den Malern des Blauen Reiters gelang der Durchbruch zur abstrakten Kunst; das scheinbar unpolitische und gesellschaftlich durchlässige Klima der bayerischen Hauptstadt wirkte wie ein Magnet für Reisende wie für Intellektuelle auf der Suche nach einem inspirierenden *genius loci*.

Die Nöte der Bevölkerung während der Kriegsjahre führten im November 1918 zur Revolution – König Ludwig III. war der erste deutsche Monarch, der im Zuge der im ganzen Reich ausbrechenden Aufstände gestürzt wurde – und zur Bildung einer sozialistischen Regierung, die nach einem halben Jahr voller Wirren im Mai 1919 unter Zuhilfenahme brutaler, rechtsorientierter Freikorps-Einheiten blutig niedergeschlagen wurde. Die Illusion des von der Weltpolitik unberührten Lebens, die München vor dem Ersten Weltkrieg zu vermitteln vermochte, war entlarvt und zerschlagen. Die Stadt bewegte sich nach rechts; Andersdenkende bekamen die zunehmende Gewaltbereitschaft radikalisierter Schlägertrupps zu spüren – der Hitlerputsch von 1923 war ein früher Höhepunkt. Diese Entwicklung prägt die gesamten Zwanzigerjahre in München und wurde von Lion Feuchtwanger in seinem Roman »Erfolg« ungeschminkt dargestellt.

Die Freikorps prügelten auch den vielgerühmten liberalen Geist aus den Straßen: Waren um 1920 noch aufstrebende Künstler und Schriftsteller wie etwa Bert Brecht nach München gekommen, wurde die Stadt ab etwa 1925 vielen zu restriktiv und provinziell. Die meisten gingen nach Berlin, *die* deutsche Metropole des modernen Geistes. Wer blieb, tat dies aus Liebe zu München, zu seiner Schönheit, zu dem trotz aller politischer Querelen zumindest in gehobenen Kreisen immer noch ruhig-beschaulichen gesellschaftlichen Klima.

Für die weniger begüterten Münchner waren die Jahre nach dem Ersten Weltkrieg auch eine Zeit großer Not: 1923 fehlten 26 000 Wohnungen, 28 000 Münchner waren arbeitslos, 140 000 – das waren 23 Prozent der Gesamtbevölkerung – mussten öffentliche Fürsorge in Anspruch nehmen. Notgroschen, Ersparnisse fürs Alter oder für die Erfüllung des Traums vom eigenen Häuschen, all dies wurde von der galoppierenden In-flation verschlungen. Keine Zeit, in der es leichtfiel, optimis-tisch in die Zukunft zu blicken; umso größer war der Zulauf zu jenen, die Heilsversprechen unters Volk brachten …

Links: Die Neuhauser Straße in München um 1900.
Im Hintergrund ist das Karlstor zu sehen.
Rechts: Ladenräume der Buchhandlung Hugendubel um 1935.

Für die Münchnerinnen brachten die Veränderungen nach dem Ersten Weltkrieg nicht nur das Wahlrecht, sondern völlig veränderte berufliche Perspektiven: Die Kriegswirtschaft war in vielen Bereichen mit der Einführung der Bürokratie verbunden gewesen, die mangels Männern vor allem von Frauen verwaltet wurde. Als nach Kriegsende diese Systematik auf alle staatlichen Bereiche und zahlreiche Wirtschaftsbetriebe ausgeweitet wurde, öffnete sich für Frauen, die sich vor dem Krieg primär als Arbeiterinnen oder Hausangestellte verdingt hatten, ein neues Betätigungsfeld als Angestellte, freilich mit überschaubaren Aufstiegschancen: Über die Stufe der Sekretärin oder Stenotypistin reichte die für Frauen vorgesehene Karriereleiter meist nicht hinaus. Daran änderte auch die bereits 1903 vorgenommene Öffnung der Universität für Frauen als ordentliche Studierende nicht viel: Seit diesem Zeitpunkt konnten sie zwar offiziell einen Studienabschluss erwerben; der Zugang in viele akademische Berufe jedoch blieb ihnen verwehrt. Ein Beispiel: Erst neunzehn Jahre nachdem Frauen offiziell Jura studieren durften, wurden sie zu Berufen der Rechtspflege zugelassen. Zu diesem Zeitpunkt, 1922, waren immerhin zwanzig Prozent aller Studierenden Frauen. Und die hätte die Obrigkeit, aber auch die Professorenschaft und das Studentenwerk lieber an der Wiege als im Hörsaal gesehen: Bereits 1926 wurde die Gebärunfreudigkeit der Akademikerinnen öffentlich beklagt. Ein Problem, das bis heute einer befriedigenden, den Bedürfnissen der Frauen gerecht werdenden Lösung harrt ...

Katia Mann

1883 – 1980

*»In dieser Familie
muss es einen Menschen geben,
der nicht schreibt.«*

Geboren am 24. Juli 1883 in Feldafing als Tochter des Mathematik-professors Alfred Pringsheim • 1901 erste weibliche Abiturientin Münchens; anschließend Studium der Physik und Mathematik • 1905 Heirat mit Thomas Mann, Geburt der Kinder Erika (1905), Klaus (1906), Golo (1909), Monika (1910), Elisabeth (1918) und Micha-el (1919) • 1914 Bezug der berühmten Mann-Villa »Poschi« in der Münchner Poschinger Straße • ab 1933 Exil in Sanary-sur-Mer, Küss-nacht, Princeton, Pacific Palisades und Kilchberg • 1974 Veröffent-lichung ihrer »Ungeschriebenen Memoiren« • 1975 Veröffentlichung von Thomas Manns Tagebüchern • gestorben am 25. April 1980 in Kilchberg bei Zürich.

»Ich steig hier grad aus«, herrscht die Studentin den Münchner Trambahnschaffner an, der ihre Fahrkarte verlangt. Mit einem grantigen »Jetzt lassen's mich schon in Ruh!« springt die junge Frau aus dem Wagen; der aufgebrachte Schaffner ruft ihr hinterher: »Mach, dass'd weiterkimmst, du Furie.« Thomas Mann, der die Szene im Frühjahr 1904 hingerissen beobachtet, war die dunkelhaarige »Furie« schon häufiger aufgefallen, nun aber stand fest: Er musste sie kennenlernen. Denn die so bezeichnete Zwanzigjährige vermochte nicht nur wegen ihrer äußeren Erscheinung zu beeindrucken: Katia Pringsheim war eine der ersten regulär immatrikulierten Studentinnen Münchens. Sie interessierte sich keineswegs für »Höhere-Töchter-Fächer« wie Literatur oder Kunstgeschichte, sondern belegte Mathematik und Physik. Und sie stammte aus einer der besten Münchner Familien – ihr Vater war Mathematikprofessor, die Mutter kam aus einer wohlhabenden Fabrikantenfamilie. Im elterlichen Palais an der Arcisstraße verkehrte die geistige Elite Münchens. Nur Katias Großmutter mütterlicherseits schlug aus der großbürgerlichen Art: Hedwig Dohm war eine Vorkämpferin der Frauenbewegung. Sie war es auch, die sich *gegen* eine Verbindung ihrer Enkelin mit Thomas Mann aussprach. »Antifeminist«, zischte sie, als sie den Bräutigam in spe kennenlernte.

Katia Mann, Ehefrau des Schriftstellers Thomas Mann,
am Steuer ihres Autos, um 1970.

Denn der Schriftsteller machte keinen Hehl daraus, dass ihm an der Fortsetzung von Katias wissenschaftlicher Karriere nicht gelegen war. Er wollte seine Frau ganz für sich.

Katia selbst war keine Rebellin, und Thomas Mann offerierte ihr exakt die Lebensperspektive, die sie sich erwartete. Am 11. Februar 1905 wurde die Ehe geschlossen. Exakt neun Monate später, am 9. November, kam Erika auf die Welt, Klaus nur ein Jahr später. Rasch zeigte sich, dass Thomas Manns Konstitution nur bedingt für einen Familienvater taugte: Bei Erikas Geburt hatte er so stark Nerven gelassen, dass er sich erst einmal einem Sanatoriumsaufenthalt unterzog, als er von Katias zweiter Schwangerschaft erfuhr.

Die zweifache Mutter machte sich über die neuen Schwerpunkte ihres Lebens keine Illusionen: »Frau Thomas Mann« – so lautete Katias Briefkopf – wurde rasch bewusst, dass ihre zentrale Aufgabe, neben der Führung des Haushalts und der Erziehung der Kinder, darin bestand, ihrem Mann das ideale Umfeld für seine schriftstellerische Arbeit zu schaffen und alles Störende von ihm fernzuhalten. Aber genügte das einer jungen Frau, die noch zwei Jahre zuvor Röntgens Experimentalphysik-Vorlesungen gehört hatte? Ihrem Mann entging die nagende Unzufriedenheit nicht: »Du giebst (sic) doch den deutschen Flaubert bei Müller heraus. Ist die Übersetzung aller Bände schon vergeben?«, schrieb er im Juli 1907 an seinen Bruder Heinrich. »Würdest Du vielleicht einen der von Dir übernommenen an Katja (sic) abtreten?« Zu einem Resultat führten diese Bemühungen nicht, ebenso wenig wie eine zweite, ähnliche Anfrage 1911. Inzwischen hatte Katia vier Kinder und war mit deren Erziehung und der Organisation des Sechspersonenhaushalts auf sich allein gestellt. Zwar bezog ihr Mann sie inzwischen stärker in seine literarischen Überlegungen mit ein – die Idee zu »Felix Krull« etwa hatte er im Gespräch mit seiner Frau ent-

wickelt –, intellektuell ausgelastet aber fühlte sie sich nicht. Ihr
Schlafzimmer spiegelt die Zerrissenheit zwischen hausfrau-
lichen Aufgaben und der Sehnsucht nach geistig anspruchsvoller Betätigung: »In friedlichem Dämmer lag das Zimmer meiner Mutter, das für mich stets mit liebenswürdig chaotischer
Fülle und Lebensmitte verbunden war«, erinnert sich Monika
Mann. »Auf dem Toilettentisch (...) flatterten (...) Kohlen- und
Milchrechnungen, auf der grüngerippten Samtchaiselongue lag
ein Haufen roter Häkelwolle, ein Band Maupassant, Zola und

Die Familie Mann 1924 auf der Insel Hiddensee.
Von links: Katia, Monika, Michael, Elisabeth, Thomas,
Klaus und Erika Mann.

Josef Ponten, die Kommode nickte unter der bunten Last von
Briefen, Manuskripten, (...) einer Vase mit Rosen, Telephon-
listen und Speisezetteln, Weihnachtsgaben, von Kinderhand
gefertigt; der graziöse Schreibtisch bog sich unter zwei Schreib-
maschinen, Lateinbüchern meiner Brüder, russischen Lexikons
und Schachteln von Extrabitter Katzenzungen.«

Katia und Thomas Mann im Arbeitszimmer ihres Hauses
in Kilchberg bei Zürich im Sommer 1954.

Schließlich erzwang Katias körperliche Konstitution den Rückzug aus dem Familienalltag: Als eine verschleppte Tuberkulose diagnostiziert wurde, verordnete ihr der Arzt einen halbjährigen Aufenthalt in einem Sanatorium in Davos, der sich immer wieder verlängerte. Den Kopf frei von Alltagssorgen, entspann sich ein reger Briefwechsel zwischen Katia und Thomas Mann, der den Grundstock zum »Zauberberg« legte.

Der Kriegsausbruch katapultierte Katia in die Münchner Realität zurück – und die war, nicht nur der äußeren Umstände wegen, schwierig: Die beiden Älteren, Erika und Klaus, waren trotz gestrenger Kindermädchen verwildert, zogen mit den Nachbarskindern als »Herzogpark-Bande« um die Häuser, spielten Streiche und stahlen. Ökonomisch wurde die Lage immer angespannter. Nahrungsmittel für eine sechsköpfige Familie aufzutreiben geriet zur tagfüllenden Aufgabe; zudem wurde Katia zum fünften Mal schwanger. Im April 1918 kam Thomas Manns Lieblingstochter Elisabeth zur Welt, und bald kündigte sich Kind Nummer sechs an: Michael.

Nach dessen Geburt war Katia reizbar und chronisch überlastet. Allein die Aufgabe, während seiner Arbeitsstunden das Familienleben von ihrem Mann fernzuhalten, stellte eine enorme Belastung dar. Und die Bändigung der Mann-Kinder, vor allem der beiden ältesten, wurde nicht einfacher. Wilhelm Emanuel Süskind, ein Freund von Klaus und Erika, erinnert sich an einen Abend im Jahr 1923, als ihm »eine verstörte, flackeräugige Katja (sic) Mann auf der Münchner Residenzstraße begegnet und ihn die sonst so Hochmütig-Sichere, halb anherrscht, halb anfleht, ihr zu sagen, in welcher Boite der damaligen Jeunesse Dorée ihre beiden ältesten versackt sein mögen. Da sprach, da humpelte einfach eine verzweifelte, bis an den Rand ihrer Kräfte erschöpfte Mutter, und den damals solchen Erscheinungen noch ganz ahnungslos-grausam gegenüberstehenden jungen Fant durchzuckte es förmlich ehrfürchtig, dass diese oft so spöttische, den Widerspruch niederbügelnde, unnachsichtig rügende, selbst vom begünstigten Hausfreund gefürchtete Frau in ihrem tief verletzten Familiensinn die tragende Kraft ihres Hauses sei, die tragende Kraft vielleicht sogar für die Arbeit des Dichters.«

Wenigstens für kurze Zeit konnte sie gemeinsam mit ihrem Mann die Strahlkraft dieses literarischen Werks genießen: In den Zwanzigerjahren mehrte sich Thomas Manns Ruhm, und damit der Absatz seiner Bücher. Gekrönt wurde diese Phase 1929 mit dem Literaturnobelpreis; »die deutschen Windsors«, so Marcel Reich-Ranicki über die Stellung der Manns in den späten Zwanzigerjahren, wurden verehrt wie Monarchen. Lange währte der Glanz nicht: Mit seinem »Appell an die Vernunft« im Oktober 1930 griff Thomas Mann die Nationalsozialisten massiv an und wurde von nun an zur Zielscheibe repressiver Propaganda. Als das Ehepaar Mann kurz nach der Machtergreifung zu einer Vortragsreise mit anschließendem Skiurlaub in der Schweiz aufbrach, war die Situation bereits mehr als heikel. Erika und Klaus beschworen die Eltern per Telefon, nicht nach München zurückzukehren. Stattdessen organisierten Katia und Erika die zügige Versendung von Manuskripten, Schriftstücken, Kleidung und Hausrat in die Schweiz– keinen Moment zu früh: Wenige Wochen später wurde die Münchner Mann-Villa beschlagnahmt. Ein Leben im Exil begann, das für Katia die anspruchsvolle Aufgabe bereithielt, ihrem Mann, auch unter den widrigen Umständen wechselnder Domizile, eine für seine Arbeit gedeihliche Atmosphäre zu schaffen.

Das Bild der idealen Ehe hielt sie dabei, auch über Thomas Manns Tod 1955 hinaus, aufrecht. Im hohen Alter aber bewies sie den Mut, der Öffentlichkeit auch die Abgründe dieser Partnerschaft preiszugeben: Gemäß einer Verfügung ihres Mannes ließ sie zwanzig Jahre nach dessen Ableben 1975 seine Tagebücher veröffentlichen. In ihnen offenbart sich die zentrale Bedeutung, die seine homoerotische Neigung in seinem Leben spielte. Katia selbst hatte bereits ein Jahr zuvor in ihren »Ungeschriebenen Memoiren« dokumentiert, wie es sich mit Hilfe von Kraft und Humor bewerkstelligen lässt, auch von schweren Bürden nicht zu Boden gedrückt zu werden.

Constanze Hallgarten

1881 – 1969

»Mein Leben war reich und bunt,
voller Spannungen und Hoffnungen –
Erfolge und Enttäuschungen –
es stand unter einer Idee.«

Geboren am 12. September 1881 in Leipzig • 1900 Heirat mit dem Bankierssohn und promovierten Juristen Robert Hallgarten • 1901, 1905 Geburt der Söhne Wolfgang Georg und Richard • 1910 Umzug in den Münchner Herzogpark • ab 1915 pazifistisches Engagement im »Internationalen Frauenausschuss für Dauernden Frieden«, später Vorstandsmitglied der »Internationalen Frauenliga für Frieden und Freiheit« (IFFF), Rednerin auf zahlreichen Kundgebungen • 1923 steht sie beim Hitlerputsch auf der »schwarzen Liste« der Nazis; nur durch Zufall entgeht sie den Nazi-Schergen • 1924 Tod von Robert Hallgarten • 1932 Selbstmord ihres Sohns Richard »Ricki« Hallgarten, des besten Freundes von Klaus und Erika Mann • ab 1933 Exil in der Schweiz, in Paris und in den USA • 1955 Rückkehr nach Deutschland, Wiederaufbau der Münchner Ortsgruppe der IFFF • 1969 Tod am 25. September durch Selbstmord.

Es geschah im November 1921, während eines Dinners im
Hause Mann: Als sich die Gesellschaft zum Essen setzen
wollte, bemerkte Thomas Mann, dass einer der Gäste, der Ehemann seiner Schwester Julia, verschwunden war – mit der Begründung, er könne unmöglich mit Constanze Hallgarten an
einem Tisch sitzen. Dabei war die Betroffene Mitglied der ersten Münchner Gesellschaft, Ehefrau eines vermögenden Privat-
gelehrten und Nachbarin der Manns im noblen Herzogpark;
die Mann-Kinder Klaus und Erika waren mit ihrem jüngeren
Sohn Ricki befreundet, gemeinsam machten die Jugendlichen
die Umgebung unsicher. Doch kein Schabernack der Pubertie-
renden hatte dazu geführt, dass der Gast fluchtartig Raum und
Haus verließ, sondern Frau Hallgartens unerschrockenes Engagement für die internationale Friedensbewegung.

1913 hatte Hallgarten angefangen, ihre großbürgerlich-kon-
servative Denkweise abzulegen: Sie engagierte sich als Schrift-
führerin im von Anita Augspurg und Lida Gustava Heymann
angeführten »Verein für Frauenstimmrecht« und schloss sich
bald auch deren pazifistischen Aktivitäten an. Auf eine Teilnah-
me am Internationalen Frauenkongress für den Weltfrieden
im Frühjahr 1915, zu der die begabte Rednerin Hallgarten über-
redet werden sollte, verzichtete sie aus Rücksicht auf ihren Ehe-

Porträt der Frauenrechtlerin und Friedensaktivistin
Constanze Hallgarten aus dem Jahr 1931.

mann, aber sie hielt weiterhin Vorträge und verbreitete Flug-
blätter. Gleichzeitig führte sie ihr gesellschaftliches Leben
weiter – für den Komponisten Hans Pfitzner zum Beispiel richtete sie 1917 einen glanzvollen Empfang aus. Lange gelang das
»Doppelleben« nicht.

Während sie am zweiten Internationalen Frauenkongress
1919 in Zürich teilnahm, bei dem die heute noch bestehende
»Internationale Frauenliga für Frieden und Freiheit« (IFFF)
gegründet wurde, änderten sich in München die politischen
Vorzeichen. Die Räterepublik wurde blutig beendet, der Wind
wehte jetzt von rechts. Pazifistische Aktivitäten galten nun als
kommunistische Umtriebe; auch die vornehme Hallgarten-
Villa wurde einer Razzia unterzogen. Einer der beteiligten Poli-
zisten meinte allerdings kopfschüttelnd: »Nach Kommunis-
mus sieht's hier freilich nicht aus ...« Ihr Nachbar, Thomas Mann,
hatte für das Engagement seiner Nachbarin zunächst nur spöttische Kommentare übrig: »Albern« nannte er sie in seinem
Tagebuch, und »elendes Köpfchen«. Für Hallgarten dagegen
bedeutete der Kongress in Zürich den Durchbruch: Sie über-
nahm die Leitung der Münchner IFFF-Gruppe und wurde als
einzige Frau in den Vorstand der »Deutschen Liga für Völker-
bund« gewählt.

Für die konservativen Kreise waren diese mit zahlreichen
öffentlichen Auftritten verbundenen Ämter ein Affront, der sich
1921 zum Skandal ausweitet: Am 1. August hielt sie auf einer
»Nie wieder Krieg«-Kundgebung eine Rede für eine friedferti-
ge Kindererziehung. Ludwig Thoma, ein guter Bekannter aus
den Vorkriegsjahren, nahm diese Rede zum Anlass für übelste
Polemik; Hans Pfitzner kündigte ihr in eingeschriebenen Briefen die Freundschaft auf. Noch drei Monate später, im November, kam es zu dem eingangs beschriebenen Eklat im Hause
Mann. Der Schriftsteller allerdings hatte inzwischen seine po-

litische Einstellung und auch seine Haltung gegenüber Hall-garten überdacht. Nicht für den flüchtigen Gast ergriff er Partei, sondern für die düpierte Bekannte: »Diese Spießer, diese Klein-bürger, gleich mit Boykott sind sie bei der Hand ... Wenn Sie in Zukunft zu leiden haben oder verfolgt werden, Frau Nachbarin, kommen Sie zu mir ...«

Auch wenn sie auf das freundliche Angebot Thomas Manns nie zurückgriff, Schutz und Zuflucht hatte sie bitter nötig. Die aufstrebenden Nationalsozialisten verfolgten die Aktivitäten der Pazifisten mit Abscheu; bald stand Constanze Hallgarten ganz oben auf deren »schwarzer Liste«. Am Morgen des Hitler-putschs rettete sie die Nachricht vom Tod einer Tante, aufgrund deren sie ins Schwabinger Krankenhaus eilte. Keine Stunde spä-ter wurde die Hallgarten-Villa von der Hitlergarde gestürmt.

Auch als sich die politischen Wogen in München wieder glät-teten, wurde die Situation nicht einfacher. 1924 starb Constanze

Sitzung während des »Internationalen Frauenkongresses«
in Berlin, 1914.

Constanze Hallgarten (rechts) mit der Gründerin des
»Weltfriedensbundes der Mütter und Erzieherinnen«,
Madame Eidenschenk-Patin, und der Vorsitzenden des Bundes,
Alice Cullo (v.l.n.r.), in Berlin, 1931.

Hallgartens Mann; ihre politische Arbeit war immer massiveren Angriffen von rechts ausgesetzt. Noch im September 1932 veranstaltete sie, begleitet von wütender Nazipolemik, eine Großkundgebung im Münchner Unions-Saal. Ändern konnte dieses letzte Aufbäumen nichts mehr: Vier Monate später übernahmen die Nationalsozialisten die Macht, Constanze Hallgarten floh in die Schweiz. Hinter sich ließ sie nicht nur eine radikalisierte Heimat, sondern auch eine private Tragödie: Ihr Sohn Ricki, der unter manisch-depressiven Verstimmungen litt, hatte sich am 5. Mai 1932 mit 27 Jahren das Leben genommen.

Das Exil konfrontierte Hallgarten mit schwierigsten Bedingungen: Ihr Vermögen in Deutschland wurde konfisziert, und sie musste nicht nur sich, sondern auch ihre über achtzigjährige, pflegebedürftige Mutter durchbringen. Zunächst übersiedelten die beiden Frauen nach Paris; erst 1941, nach dem Tod ihrer Mutter, wagte Constanze Hallgarten die Ausreise in die USA zu ihrem in New York lebenden Sohn Georg.

Dass die Friedensaktivistin 1955 nach München zurückkehrte, lag allein an der desolaten Situation der örtlichen IFFF-Gruppe. Die 74-Jährige war die einzige noch lebende Mitstreiterin der ersten Stunde. Also nahm sie in einer Pension am Biederstein Quartier und bemühte sich um den Wiederaufbau und die Neuausrichtung der Gruppe. Noch ihren 88. Geburtstag feierte sie 1969 im großen Kreis. Niemand ahnte, dass es sich um ein Abschiedsfest handelte: Zwei Wochen später, am 25. September 1969, nahm sie sich mit einer Überdosis Schlaftabletten das Leben. Ihrem Sohn schrieb sie: »So ist's richtig, mein Sehen ist schlechter geworden und überhaupt ... Sei nicht bös und behalt mich lieb (...).«

Marta
Feuchtwanger

1891 – 1987

*»Eine Frau sollte keine Angst
vor dem Fallen haben.«*

Geboren am 21. Januar 1891 als Tochter des wohlhabenden Geschäfts-
manns Leopold Löffler • 1910 lernt sie auf einem Faschingsfest Lion
Feuchtwanger kennen • 1912 Marta wird schwanger, Heirat am 10. Mai
in Überlingen am Bodensee, Weiterreise in die Schweiz; Geburt und
Tod des Kindes; daraufhin bis 1914 Reise durch Italien bis nach Nordafrika • 1914 Rückkehr nach München • 1915 Umzug in die Georgenstraße, wo die Wohnung der Feuchtwangers bald zum beliebten Treffpunkt für Künstler und Intellektuelle wird • 1925 Umzug nach Berlin •
1933 Exil in Sanary-sur-Mer • 1940 Verschleppung Lion Feuchtwangers
in ein Internierungslager, Marta organisiert die Flucht in die USA •
1941 Umzug nach Los Angeles, Kauf der Villa Aurora in Pacific Palisades 1943 • 21. Dezember 1958 Tod Lion Feuchtwangers • 1969
Deutschlandreise • gestorben am 25. Oktober 1987.

Armer Geiger Adolf Hartmann-Trepka: Schon lange war der Virtuose des Münchner Hoforchesters in die Jüdin Marta Löffler verliebt gewesen, hatte ihr auf Ausstellungen und Promenadenkonzerten nachgestellt, seinen Freund Lion Feuchtwanger als Anstandsbegleiter im Schlepptau. Nie war es ihm gelungen, auch nur ein Wort mit der schwarzhaarigen Schönen zu wechseln; endlich, auf einem Faschingsfest einer der Schwestern Feuchtwangers, bietet sich im Januar 1910 die Gelegenheit. Hartmann-Trepka und Lion Feuchtwanger überreden Marta, das Fest, entgegen aller Gebote der Schicklichkeit, für einen Ausflug in die Pfälzer Weinstuben zu verlassen. Marta willigt ein – doch nicht der Geiger interessiert sie, sondern der kleine, dunkelhaarige Brillenträger, der als Theaterkritiker arbeitet und mit seinen fünfundzwanzig Jahren schon einen denkbar schlechten Ruf als Spieler und Taugenichts genießt. Als der Geiger beginnt, zudringlich zu werden, und der Schriftsteller keinerlei Anstalten macht, sie zu beschützen, läuft sie davon – keinem der beiden gelingt es, Marta einzuholen. Ihr Ziel hat sie erreicht: Auch wenn Feuchtwanger noch nicht Feuer und Flamme ist, beeindruckt hat sie ihn doch. Zwei Tage später, zu ihrem 19. Geburtstag, schickt er sündteure Veilchen aus Parma. Ein halbes Jahr später sind Lion Feuchtwanger und Marta Löffler ein Paar.

Marta Feuchtwanger, Berlin 1923.

Instinktiv erkennt sie in dem ältesten Sohn einer reichen jüdischen Familie eine in vielerlei Hinsicht verwandte Seele: Auch Marta Löffler schert sich – entgegen ihrer Herkunft – wenig um bürgerliche Wertvorstellungen. Bereits der Beginn ihrer Beziehung mit Lion Feuchtwanger, die sie eineinhalb Jahre ohne jegliche Heiratsabsichten unterhält, gestaltet sich reichlich unkonventionell. Dann geschieht es: Marta wird schwanger. Lion macht ihr, ohne zu zögern, einen Heiratsantrag, die Ehe wird am 10. Mai 1912 in Überlingen geschlossen, das Paar reist weiter in die Schweiz, wo das Kind zur Welt kommen soll. Doch die Tochter, Marianne, lebt nur wenige Wochen. Zwei Jahre lang fahren Marta und Lion durch Italien, Sizilien und Nordafrika, um den Verlust zu verwinden und sich selbst neu zu entdecken.

Nach der Rückkehr nach München im September 1914 entwickelt sich das, was nach außen wirkt wie der Inbegriff einer Künstler-Ehe: Sie ist für alle Dinge des praktischen Lebens zuständig: Wohnungen und Häuser finden und einrichten, das richtige Essen für seinen empfindlichen Magen kochen, seine Koffer packen, für den nötigen sportlichen Ausgleich zu seiner sitzenden Tätigkeit sorgen ... Er schreibt – erst durchaus erfolgreiche Bühnenstücke, dann Romane, die ihn weltbekannt machen. Und er pflegt – Feuchtwanger war immer ein *homme à femmes* – seine Affären, lebenslange Beziehungen ebenso wie flüchtige Begegnungen: »Auf den Straßen herumgeirrt, um eine Hure zu finden. Ich benehme mich immer blöder«, notiert er 1934 in sein Tagebuch.

Dabei war Marta Feuchtwanger alles andere als das Mäuschen am Herd. Ihre Schönheit, ihr Humor und ihre Eigenwilligkeit beeindruckten viele der Gäste, in der Wohnung in der Georgenstraße ebenso wie später in Berlin, Sanary-sur-Mer oder Pacific Palisades. Bertolt Brecht, der nach 1919 häufiger

Gast bei den Feuchtwangers war, verliebte sich in die Hausherrin, und auch später bot sich der bis ins Alter höchst attraktiven
Frau manche Gelegenheit, es ihrem Mann gleichzutun; nach
ihren eigenen Aussagen hätte er ihr diese Freiheit zugebilligt,
sie wollte allerdings keinen Gebrauch davon machen.

Für die Einhaltung seines täglichen Sportprogramms und
der für seinen empfindlichen Magen so wichtigen Diät sorgte
sie mit Nachdruck – nicht selten soll der Genussmensch Feuchtwanger gegenüber Gästen den Stoßseufzer »Sie kennen doch
Marta …« ausgestoßen haben.

Sie selbst besaß keinerlei literarische Ambitionen, war aber
stets intensiv in das Schaffen ihres Mannes involviert: Sie gab

Der Freundeskreis um Lion Feuchtwanger und Bertolt Brecht
(stehend, v.l. Brecht, Frank Warschauer, Lion Feuchtwanger und dessen
Schwager; sitzend, v.l. Feuchtwangers Schwester, Marianne Zoff und
Marta Feuchtwanger), Berlin 1923.

den entscheidenden Anstoß, dass er aus seinem Bühnenstück
»Jud Süß« jenen Roman machte, der ihm 1925 zum internatio-
nalen Durchbruch verhalf, sorgte dafür, dass er während des
Schreibens an dem gewaltigen Werk bei der Stange blieb, lek-

Lion und Marta Feuchtwanger in ihrer Bibliothek
in Sanary-sur-Mer, 1934.

torierte seine Manuskripte und durchsuchte täglich die Zeitungen nach verwertbaren Stoffen und Anekdoten.

In den frühen Zwanzigerjahren – die ersten Künstlerfreunde waren bereits ins schillernde, freizügigere Berlin abgewandert – begannen Feuchtwangers eher links orientierte Bühnenstücke anzuecken. Nach einer Premiere wurden die Fensterscheiben eingeworfen; und beim Hitlerputsch blieb er nur deshalb unbehelligt, weil die Revolte niedergeschlagen war, bevor braune Schlägertrupps bis zur Georgenstraße kamen. Das Klima in München spitzte sich für die jüdischen, links orientierten Feuchtwangers dennoch so zu, dass sie 1925 nach Berlin zogen. Die Geschehnisse in ihrer Heimatstadt wühlten in ihnen weiter – zwei Jahre später begann Lion Feuchtwanger die Arbeit an seinem großen Porträt der Stadt in den politischen Wirren der frühen Zwanzigerjahre, »Erfolg«.

Eine Rückkehr nach München stand nie mehr zur Debatte. 1933 war das Ehepaar zunächst nach Frankreich, dann in die USA geflohen. 1957 waren es nicht nur gesundheitliche Umstände, die den 73-Jährigen daran hinderten, in München persönlich den Kultur- und Literaturpreis der Stadt entgegenzunehmen. Feuchtwanger sah Deutschland nie wieder; er starb ein Jahr später in Kalifornien. Marta wagte 1969 eine Reise in ihre Heimat – um auch dort ihrer selbstgewählten Aufgabe gerechtzuwerden, Lions Andenken zu bewahren und seinen Nachlass zu verwalten. Sie besuchte für mehrere Tage eine alte Freundin in Murnau und fuhr auch nach München – eine Stadt, die sie nach der Verwüstung durch den Krieg kaum wiedererkannte. Als sie abreiste, war sie ohne Sehnsucht, aber auch ohne Bitterkeit. 1987 starb sie in Pacific Palisades.

Verehrung, Verfolgung, Widerstand

Erika Mann · 1905–1969

Gerty Spies · 1897–1997

»Schon im Januar 33 in München
konnte man ja nicht mehr direkt (sein) –
also wir waren indirekt.«

Erika Mann

D ie erste Fliegerbombe auf München landet im März 1940
mitten im Englischen Garten. Schaulustige drängen sich
um den Bombenkrater; kaum jemand begreift oder will begreifen,
was dieser Krater bedeutet. Das Ausblenden, das Nicht-durch-
denken-Wollen der Dinge, die sich in allernächster Nähe, im
alltäglichen Leben ereignen, sind symptomatisch für das »Dritte
Reich«, nicht nur, aber auch in München. Die Judenverfolgung
beginnt in der »Hauptstadt der Bewegung« schleichend, ist
aber spätestens mit der sogenannten »Reichspogromnacht«
ein Fakt, an dem keiner mehr vorbeisehen kann: Ab 1938 müssen Juden ihre Betriebe beim Gewerbeamt abmelden, ihre Wohnungen räumen, zunächst in sogenannte »Judenhäuser« in der
Goethe-, Ainmiller- und Hohenzollernstraße ziehen, dann in
Sammellager in Berg am Laim und Milbertshofen. 3574 der
rund 12 000 in München lebenden Juden haben zu diesem Zeitpunkt die Stadt bereits verlassen; 56 Prozent von ihnen sind
Männer. Zurück bleiben alte Frauen, Witwen, Mütter, die ab
1941 in Vernichtungslager im Baltikum und nach Auschwitz, vor
allem aber nach Theresienstadt deportiert werden.

Überwiegend Frauen waren es auch, die zu Zeugen dieser
letzten Phase der Judenverfolgung wurden – das Gros der Männer stand, als Ende 1941 die Gettoisierung in den Sammellagern
begann, längst im Feld. Viele Münchnerinnen hatten, zerrie-
ben von den auferlegten Pflichten, den Glauben an die »große

Sache« insgeheim schon verloren. Doch Mut zum Widerstand fassten die Wenigsten – selbst bei kleinsten kritischen Bemerkungen oder dem Abhören von »Feindsendern« griffen die Nationalsozialisten rigoros durch; gnadenlos wurden Zuchthausstrafen und Schlimmeres verhängt, selbst wenn die Betroffenen kleine Kinder zu versorgen hatten.

Ohnehin waren gerade Frauen von Anfang an ein Spielball nazistischer Propaganda gewesen: Zunächst galt das Ideal der im Haushalt aufgehenden, nichtberufstätigen Mutter: Frauen sollten zu Hause bleiben und besonders die qualifizierten Arbeitsplätze zu Gunsten männlicher Bewerber räumen. Um künftige Konkurrenz kleinzuhalten, wurden die Ausbildungs-

Rekruten der Wehrmacht werden vor der Feldherrnhalle am Odeonsplatz vereidigt, 1935.

möglichkeiten für Mädchen drastisch reduziert: Nur noch zehn Prozent aller Studierenden durften weiblich sein. Der Kurs änderte sich 1936, als durch die anrollenden Kriegsvorbereitungen bereits alle Männer in Lohn und Brot standen, aber immer noch Arbeitskräfte fehlten. Nun sollten Frauen wieder beides bewältigen, Haushalt und Berufstätigkeit, vor allem im sozialen Bereich, aber auch in der rüstungsrelevanten Industrie. Nach dem Kriegsausbruch verschlimmerte sich die Situation noch einmal: Frauen waren es, die Geschäfte und kleine Gewerbebetriebe über Wasser und damit Münchens Wirtschaft aufrechterhielten und »nebenbei« ihre Kinder großzogen. Mit der Verschärfung des Bombenkriegs wurden sie dann ihrer Mutterrolle unfreiwillig beraubt: Ab September 1943 wurden »abkömmliche«

Kinderlandverschickung in München.

Personen – Mütter mit kleinen Kindern, Schwangere, Alte und Gebrechliche – zwangsweise aus München evakuiert; dies galt auch für Schüler zwischen sechs und vierzehn, die per Kinderlandverschickung zu Tausenden aufs Land transportiert wurden. Deren Mütter aber waren es zu einem Gutteil, die mit ihrer Arbeit dafür sorgten, dass das Leben in der Stadt nicht völlig zum Erliegen kam. Sie galten als unabkömmlich und hatten keine Möglichkeit, bei ihren Töchtern und Söhnen zu bleiben, selbst, wenn diese noch im Grundschulalter waren.

Von vielen Häusern in München blieben nach dem Luftkrieg im Zweiten Weltkrieg nur noch Trümmer und Ruinen übrig. Die Münchner Innenstadt um die Frauenkirche war weitgehend zerstört.

Die Stadt, die die Kinder bei ihrer Rückkehr vorfanden, erkannten sie nicht wieder: Fünfzig Prozent von München, in der Innenstadt sogar neunzig Prozent, waren 1945 durch die alliierten Bomben zerstört. Und die Bevölkerungszahl war zum Kriegsende durch Tod, Evakuierung und Flucht von 824 000 auf 479 000 gesunken.

Erika Mann

1905 – 1969

*»Schon im Januar 33 in München konnte man
ja nicht mehr direkt (sein) – also wir waren indirekt.
Wir haben alles gemacht mit Märchen, Parabeln
und Gleichnissen (...) haben nie einen Namen genannt,
nie ein Land genannt, wir waren indirekt,
völlig eindeutig für unser Publikum.«*

Geboren am 9. November 1905 als ältestes der sechs Kinder Thomas Manns • 1924 Schauspielstudium in Berlin, Auftritte in skandalumwitterten Dramen ihres Bruders Klaus • 1926 Heirat mit Gustaf Gründgens • 1927 Weltreise mit Klaus Mann • 1929 Scheidung von Gründgens, Beginn der journalistischen Tätigkeit • 1931 Beginn des Verfassens von Kinderbüchern • 1932/33 Gründung des Kabaretts »Pfeffermühle«, Premiere am 1. Januar 1933, Emigration im März • 1933 bis 1936 Gastspiele der »Pfeffermühle« in der Schweiz und in anderen europäischen Ländern • 1937 Emigration in die USA • 1954 Rückkehr in die Schweiz an der Seite ihrer Eltern • gestorben am 27. August 1969 in Zürich.

» Errinnert haben wir uns an Bayern überall einmal. Wenn irgendwo ein Wiesenweg, eine Bergkette, eine Viehweide uns besonders zu Herzen sprach, erkannten wir bald mit dem Heimatlichen die Ähnlichkeit (...). Ein kleiner Wasserfall in Japan (Fichten standen drum herum, und es roch nach Harz) (...), – ein Wald bei Boston, durch den man Ski fuhr –, vereiste Holzstraße (man glaubte, den Kutscher auf bayerisch fluchen zu hören – Ausweichen, Kruzitürken!) –, es ist wahr, dass solche Bilder und Gerüche erinnerungsreich stimmen«, schrieb Erika Mann in ihrem Aufsatz *Liebeserklärung an Bayern* 1930. Auffallend sind die Präzision und Warmherzigkeit, mit denen sie diese Anflüge von Heimweh zu Papier bringt. Sie wusste, wovon sie sprach: Die 25-Jährige war mit ihrem ein Jahr jüngeren Bruder Klaus als »*The literary Mann twins*« durch Amerika getingelt und um die halbe Welt gereist. In Anbetracht der Skandale, die sie in diesem Alter schon hinter sich gebracht hatte – angefangen von mit anderen Jugendlichen ausgeheckten Streichen der »Herzogpark-Bande«, die gelegentlich ins Kriminelle reichten, aufgehört bei den skandalumwitterten Theaterauftritten gemeinsam mit Klaus, Pamela Wedekind und dem Bühnengenie Gustaf Gründgens, den Erika 1926 heiratete –, lesen sich diese Zeilen verblüffend harmlos. Tatsächlich verdiente Erika, eigentlich ausgebildete Schauspielerin, seit Ende der Zwanzigerjahre

Porträt von Erika Mann aus dem Jahr 1927.

ihr Geld mit heiteren, großenteils nicht allzu gehaltvollen Feuilletons wie der *Liebeserklärung an Bayern*. Blickt man allerdings vom Jahr 1930 in die Zukunft – nur drei Jahre später wird die Verfasserin ins Exil gehen –, haftet den arglosen Sätzen fast etwas wie eine dunkle Ahnung an.

Noch aber ist die bayrische Welt der Erika Mann in Ordnung. Nach den frühen Eskapaden und der Scheidung von Gustaf Gründgens ist die eigenwillige junge Frau in die elterliche großbürgerliche Villa zurückgekehrt – ebenso wie ihr Bruder und Herzensvertrauter Klaus –, bleibt im Geist aber rebellisch und modern: Sie macht den Führerschein, lässt sich sogar zum Monteur ausbilden, um mit Klaus mehrere Monate durch Europa zu fahren und schließlich, mit dem Jugendfreund Ricki Hallgarten als Beifahrer, sogar zu einer 10 000-Kilometer-Rallye aufzubrechen. Sie gewinnt. Was in ihren Jugendjahren anmutete wie Chuzpe, wandelt sich allmählich in von Herzen kommenden Mut. Dennoch war sie sich der Dimension ihres Handelns wohl nicht ganz bewusst, als sie sich von Constanze Hallgarten – Nachbarin im Herzogpark und Rickis Mutter – überreden ließ, im Januar 1932 bei einer Kundgebung von Friedensaktivisten in München zu sprechen. Bis zu diesem Zeitpunkt hatte sich Erika – obwohl die Nationalsozialisten bereits gegen ihren Vater und auch gegen die Bühnenstücke ihres Bruders hetzten – politisch kaum geäußert. Die ihr bei der Friedensveranstaltung zugedachte Aufgabe war an sich harmlos: Nach dem Vortrag einer international anerkannten französischen Pazifistin sollte sie Texte aus einer Pazifisten-Zeitschrift rezitieren. Und obwohl Nationalsozialisten versuchten, die Veranstaltung zu stören, verhinderte ein Polizeiaufgebot größere Krawalle. Drei Tage später jedoch veröffentlichten nationalsozialistische Presseorgane derart polemische Hetzkampagnen gegen Erika Mann, dass diese Klage einreichte. Später sagte

sie, dieser eine Abend sei es gewesen, der in ihr das Verständnis für Politik und die Einsicht in die Notwendigkeit des politischen Handelns, und zwar des Handelns gegen die Nazis geweckt habe.

Ein Dreivierteljahr später folgten dieser Einsicht Taten: Erika Mann gründete, gemeinsam mit der Schauspielerin Therese Giehse und dem Musiker Magnus Henning ein Kabarett – offiziell literarischer Natur, doch mit massiven politischen Untertönen. Den Namen steuerte Thomas Mann bei, der bei einem Abendessen im Kreis der Familie nach der auf dem Tisch stehenden Pfeffermühle griff und fragte: »Wie wär's damit?« Am 1. Januar 1933 fand die gefeierte Premiere in einem Nachtlokal in der Nähe des Hofbräuhauses statt. Zwei Monate lang spielte die »Pfeffermühle« vor ausverkauftem Haus; Tourneen

Erika Mann mit ihrem Beifahrer Ricki Hallgarten in Rom
vor dem Start der 10 000-Kilometer-Rallye, 1931.

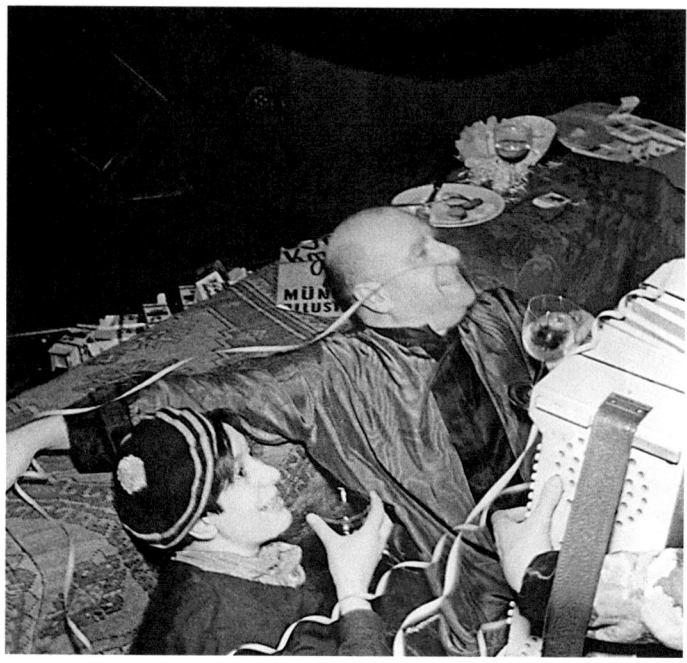

nach Berlin und in andere Städte des Reichs waren geplant,
in München hatte man ab April einen größeren Saal gemietet.
Der Reichstagsbrand, der den Nationalsozialisten nach der
Machtergreifung als Vorwand für eine erste Verhaftungswelle
diente, setzte öffentlichem Querdenken wie dem in der »Pfeffermühle« ein Ende. Erika und Klaus Mann flüchteten zunächst
in einen überstürzten »Skiurlaub«, kehrten im März 1933 für

Erika Mann (und Bruno Frank) 1933. Schon nach zwei Monaten vor ausverkauftem Haus wurde es für das politische Kabarett »Pfeffermühle«,
gegründet 1933 von Erika Mann, Therese Giehse und Magnus Henning,
in München schwierig; also machte die unerschrockene Truppe vom
Schweizer Exil aus weiter. Im Oktober 1934 musste
sie das Projekt allerdings auch dort beenden.

ein paar Tage nach München zurück. In dieser Zeit gelang es Erika, Thomas Manns Manuskripte zu den »Josephsromanen« aus dem bereits von der Polizei überwachten Haus zu schmuggeln. Dann gingen die Geschwister Mann ins Exil – Klaus nach Paris, Erika in die Schweiz, wo sie mit Giehse und Henning fieberhaft an einer Züricher Ausgabe der »Pfeffermühle« arbeiteten. Bereits im April 1933 fand die erste Vorstellung statt und wurde frenetisch gefeiert. Im Januar 1934 folgten ein zweites Programm und eine Tour durch die Schweiz. Wieder waren die Reaktionen überaus positiv, der politische Ton allerdings um einiges schärfer, was den Machthabern in Berlin ebenso wenig entging wie nationalsozialistischen Kreisen in der Schweiz. Folgerichtig führte das dritte Programm der »Pfeffermühle« im Oktober 1934, das nochmals an Schärfe und Kompromisslosigkeit zugelegt hatte, zum Eklat: Es gab Randale, wütende Diffamierungen der Person Erika Mann durch die Schweizer Presse und die Vorbereitung ihrer Ausbürgerung seitens der Berliner Bürokratie. In der Schweiz konnten sie nicht mehr auftreten, Tourneen durch die Tschechoslowakei, Holland, Belgien und Luxemburg wurden zunehmend schwieriger; eine Wiederbelebung der »Pfeffermühle« in den USA scheiterte.

Ihrer Ausbürgerung entzog sich Erika Mann auf ihre Weise: Um einen britischen Pass zu bekommen, heiratete sie zum Schein einen homosexuellen englischen Lyriker. Ende 1936 ging sie in die USA, wo sie als Rednerin, später auch als Kriegsberichterstatterin tätig wurde. So kam sie bereits in den letzten Kriegsmonaten und in der unmittelbaren Nachkriegszeit immer wieder auch nach Deutschland, das für sie innerlich aber keine Heimat mehr war. Intensiv bemühte sie sich um die amerikanische Staatsbürgerschaft, doch ihr Gesuch wurde immer wieder vertagt. Denn auch in Amerika schwand Ende der Vier-

zigerjahre der liberale Geist, der Erika Mann so fasziniert hatte. Der »Kalte Krieg« begann sich abzuzeichnen, Freigeister mit einer möglicherweise eher linken politischen Orientierung machten sich verdächtig. Ein missverständlicher Auftritt in einer amerikanischen Radio-Talkshow, bei der sie die Blockade Westberlins durch die Russen nicht rundheraus verurteilte, sondern um ein ausgewogenes Bild der Tatsachen bemüht war, zog – wieder einmal – wütende Polemik der Presse nach sich, auf beiden Seiten des Atlantiks. Alle Hoffnungen auf eine US-Staatsbürgerschaft waren mit einem Schlag zerronnen. Als ihre Eltern – auch Thomas Mann wurde mit Anbruch der McCarthy-Ära in den USA zunehmend angefeindet – 1954 in die Schweiz übersiedelten, ging sie als Lektorin und Assistentin

Thomas Mann mit seiner Tochter
Erika Mann in London, 1947.

ihres Vaters mit. Das Nachkriegsdeutschland war ihr suspekt; nie mehr kehrte sie für einen längeren Zeitraum in ihre alte Heimat zurück. Was blieb, war eine leise Sehnsucht nach Bayern. 1968, ein Jahr vor ihrem Tod, schreibt sie erneut eine *Liebeserklärung an Bayern*. Anlass ist ein alpines Kitschobjekt mit Bergblumen und Kunstfelsen, das sie in einem Anflug von Sentimentalität in einem Graubündner Andenkenladen kauft. »Was bestach mich denn aber? Die Frage ist rein rhetorisch gestellt, die Antwort liegt mir am Tage. Während nämlich der Meister, der dies alles schuf und – wie auf der Rückseite vermerkt steht – patentieren ließ, sein Graubünden vor Augen hatte, trage ich mein Bayern im Herzen, die Berglandschaft meiner Kindheit, der ich treu bleibe, solange es mich gibt und geben wird.«

Gerty Spies

1897 – 1997

»Verzeihen – aber nicht vergessen.
Das Herz reinhalten von
Hass- und Rachegefühlen.«

Geboren am 13. Januar 1897 als Tochter eines jüdischen Kaufmanns und Mundartdichters in Trier • um 1915 Ausbildung zur Kindergärtnerin in Frankfurt am Main • 1920 Heirat, Umzug nach Freiburg im Breisgau • 1921 Geburt der Tochter Ruth • 1927 Scheidung, Umzug nach München; erste Gedichte und humoristische Artikel • 1939 Zwangsarbeit in einem Münchner Verlag • 1942 Deportation nach Theresienstadt; Beginn des literarischen Schreibens • 1945 Rückkehr nach München • 1947 Gedichtband »Theresienstadt« • 1963 Tod der in die USA emigrierten Tochter • ab 1984 Publikation von Gedichtbänden, Erzählungen und Romanen • 1997 Publikation ihres Romans »Bittere Jugend« über Verfolgung und Überleben im Nationalsozialismus • gestorben am 10. Oktober 1997.

Nicht immer ist es die laute Stimme, die eine starke Frau auszeichnet. Die Stimme von Gerty Spies ist leise, warmherzig, mitfühlend; sie gehört einer Frau von innerer Größe, die die Gabe hat, unumwunden die Gefühle auszudrücken, die viele bewegen. Doch schon bevor sie ihre dichterische Sprache fand, im dunkelsten Kapitel ihres Lebens, während ihrer Internierung im Konzentrationslager Theresienstadt, bewies sie den Mut, ihr Schicksal immer wieder selbst in die Hand zu nehmen. Die Tochter eines jüdischen Kaufmanns aus Trier absolvierte während des Ersten Weltkriegs zunächst eine Ausbildung zur Kindergärtnerin in Frankfurt, kehrte aber ins Elternhaus zurück, als der geliebte Bruder 1918 fiel.

Zwei Jahre später heiratete sie einen Chemiker, zog mit ihm ins Badische und bekam eine Tochter. 1927 allerdings ließ sie sich wegen persönlicher Unstimmigkeiten scheiden, nahm ihr sechsjähriges Kind und zog nach München-Schwabing. Sie wollte noch einmal von vorne anfangen, an einem Ort ihrer Wahl – und sie liebte die Berge, die oberbayerischen Seen und auch den künstlerisch-verruchten Ruf, der München, trotz des aufkeimenden Nationalsozialismus, immer noch anhaftete.

Gerty Spies begann während ihrer Internierung
im Konzentrationslager Theresienstadt Gedichte zu verfassen.
Sie schrieb ihre Gefühle nieder, um das Grauen aushalten
zu können, aber auch um Zeugnis abzulegen.

Auch beruflich gelang ein Umstieg: Sie schrieb humoristische Artikel, bisweilen auch leichte Gedichte, Literarisches im eigentlichen Sinne eher weniger.

Mit der Machtergreifung 1933 hatte der Glanz Münchens auch für die Jüdin Gerty Spies ein jähes Ende: Zwar blieb ihr, da sie eine »halbarische« Tochter hatte, das Schlimmste zunächst erspart; auch hatte sie viele nichtjüdische Freunde, die selbst dann noch zu ihr standen, als das um der eigenen Sicherheit willen nicht mehr opportun schien. Dennoch musste sie in

Die Schriftstellerin kehrte nach ihrer Befreiung aus Theresienstadt wieder nach München zurück. Ihr Heimweh nach der Stadt, in der sie seit ihrem 30. Lebensjahr gelebt hatte, war zu groß.

einem Münchner Verlag Zwangsarbeit verrichten. Als 1941 in Milbertshofen ein Sammellager für Münchner Juden errichtet wurde, hatte sie dort Putz-, Koch- und Krankenpflegedienste abzuleisten, durfte aber, vorerst noch, in Freiheit leben. 1942 dann ereilte sie das Los vieler anderer Münchner Juden: Sie wurde in das Konzentrationslager Theresienstadt deportiert.

Um ihrer Verzweiflung und Trostlosigkeit Herr zu werden, begann sie zu schreiben; ein Bleistiftstummel, ein abgegriffenes rotes Notizbüchlein – mehr hatte sie nicht, um ihre Gefühle in Gedichte zu formen. »So innig hab ich dich noch nie geliebt / so sehend nie dein süßes Bild genossen / wie jetzt von fern. / Der Kreis, der uns umgibt / hat sich zu sanftem Schutz um dich geschlossen / die rauhe Nähe, die sich stößt und reibt, / fiel von uns ab und kann nicht mehr verwunden. / Im Bild, das meinem inneren Blick verbleibt / hab ich dein tiefstes Wesen erst gefunden«, schreibt sie über die Sehnsucht nach der Tochter. Der Wunsch, diese wiederzusehen, gibt ihr die Kraft, die Strapazen zu überstehen; ihre schlichten Gedichte sprechen das Unsagbare aus, das auch ihre Mitgefangenen bewegt.

»Schwarz ist die Nacht und schwer. / Die alten Frauen haben / sich frierend eingegraben / und wissen längst nichts mehr. / Sie starren leer und weit / ins Schwarz mit trocknen Augen / Der Heimat Bilder saugen / Sie aus der Dunkelheit.« Die Reaktion der Mitgefangenen auf ihre Gedichte macht ihr Mut, vor allem, als sie eines Tages zu einer alten blinden Dame geführt wird, der sie ihre Gedichte vorlesen soll. Es ist Elsa Bernstein, die in ihrem Münchner Salon jahrzehntelang junge literarische Talente förderte. Die Begegnung ist für Gerty Spies wie eine Initialzündung. Sie setzt sich mit Bernsteins Ratschlägen auseinander, beginnt, an ihrem Stil zu arbeiten. Als Theresienstadt 1945 befreit wird, hat sie einen ganzen Gedichtband zusammen. Lesen will ihn allerdings niemand. 1947 druckt ein kleiner

Deportation einer jüdischen Familie. Gerty Spies ereilte 1942
das Schicksal vieler anderer Münchner Juden:
Sie wurde in das Konzentrationslager Theresienstadt deportiert.

Münchner Verlag eine einzige Auflage. Für ihre Erinnerungs-
sammlung »Drei Jahre Theresienstadt« und den Roman »Bittere Jugend«, der die Verfolgung im Nazi-Reich thematisiert,
findet sich in den Fünfzigerjahren kein Verleger. Erst in den
Achtzigerjahren werden Gedichte und Erzählungen von ihr mit
größerer Resonanz publiziert; »Bittere Jugend« erscheint sogar
erst 1997, kurz vor ihrem Tod.

Verbittern ließ sich diese erstaunliche Frau nicht, weder vom
ausbleibenden Erfolg ihrer Werke noch vom frühen Tod der
Tochter, die in die USA emigriert war und dort 1963 starb, noch
von den Erlebnissen während Verfolgung und Deportation.
Nie kam ihr in den Sinn, das Land oder die Stadt hinter sich zu
lassen, wo ihr so Furchtbares angetan worden war. »Mein
Heimweh zu dieser Stadt, wo ich gelebt habe, und die auch so
schöne Seiten hat, und wo auch Menschen leben, die ich gern
hatte, und die gut zu mir waren, das war so stark in mir, dass das
andere (...) mir gleichgültig geworden war (...). Es war nicht die
Hauptsache.« Als sie 1945 nach München zurückkehrt, gilt
ihre erste Sehnsucht jedoch nicht dem Viertel, in dem sie ge-
wohnt hatte, sondern einem anderen Ort: »Ich suchte den Englischen Garten (...) Hier unter Bäumen liegen, den Duft des jungen Grases atmen, schlafen, gedankenlos in den Himmel
schauen, das schenkte dem Leben zurück, was des Lebens
war.«

Wiederaufbau

Jella Lepman · 1891–1970
Luiselotte Enderle · 1908–1991
Christa Spangenberg · 1928–2003

»Lassen Sie uns bei den Kindern anfangen,
um diese gänzlich verwirrte Welt langsam wieder
ins Lot zu bringen. Die Kinder werden den
Erwachsenen den Weg zeigen.«

Jella Lepman

Noch einmal leuchtete München, aber verhalten – und zunächst eher durch fremde Initiative denn aus eigener Kraft: Die Amerikaner machten sich daran, die Isar-Metropole trotz ihres zweifelhaften Rufs als »Hauptstadt der Bewegung« zum geistigen Zentrum der neu entstehenden Bundesrepublik aufzubauen. Dies begann bereits 1945: mit der Gründung einer deutschsprachigen Tageszeitung, die als beste Zeitung im ganzen Nachkriegsdeutschland galt und noch lange nach ihrer Einstellung 1955 Vorbildcharakter hatte – die *Neue Zeitung*. In den ehemaligen Redaktionsräumen des *Völkischen Beobachters* in der Schellingstraße wimmelte es vor Persönlichkeiten, die die journalistische und literarische Szene der gesamten Ära prägten: Hans Habe, Robert Lembke, Erich Kästner, Luise Rinser, Hildegard (Hamm-)Brücher, Stefan Heym; zu den Autoren des Blattes gehörten Max Frisch, Heinrich Böll, Hermann Hesse, Alfred Andersch oder Karl Jaspers. Das Ziel, mit der die Zeitung an den Start ging, war hoch gesteckt: Sie sollte der neu zu gründenden deutschen Presse in ihrer objektiven Beobachtung, ihrer bedingungslosen Wahrheitsliebe und ihrem hohen journalistischen Niveau ein Vorbild für den geistigen und moralischen Wiederaufbau sein. Der tat bitter Not, auch und gerade bei den Frauen, die zwar die Arbeit der gefallenen oder in Kriegsgefangenschaft befindlichen Männer übernahmen,

Bücher – für Kinder in den Nachkriegsjahren ein seltenes Gut.

nebenbei ihre Familien versorgten und versuchten, sich irgendwie in den Trümmern häuslich einzurichten, an politischer
Mitbestimmung in einer neu entstehenden Demokratie
aber herzlich wenig Interesse hatten. Dies sei ausschließlich
Männersache – eine Meinung, die in keinem anderen Bundes-
land so stark vertreten war wie in Bayern: Selbst 65 Prozent der
Frauen sprachen sich bei einer Befragung der Amerikaner gegen
die Besetzung von politischen Ämtern mit Geschlechtsgenossinnen aus. Die einhellige Meinung »Frauen gehören ins Haus«
rührte allerdings wohl auch von der Sehnsucht nach einer
»heilen«, geordneten Welt und nach der Abtretung eines Gut-
teils der auf ihnen lastenden Verantwortung her. »Die Frauen in
Deutschland müssen um ihre nackte Existenz kämpfen«,
schreibt die spätere Begründerin der Internationalen Jugendbibliothek, Jella Lepman, in einem Bericht, den sie – noch in
ihrer Funktion als Beraterin in Frauen- und Jugendfragen – für
die amerikanischen Militärs abfasste. »Sie sind verängstigt,
müde und schweben in Gefahr, sozial und mental proletarisiert
zu werden.« Als Konsequenz aus diesem Bericht bemühten
sich amerikanische Bildungseinrichtungen speziell um die
Frauen, versuchten, sie zur Gründung von gesellschaftlich und
sozial engagierten Vereinigungen zu animieren – was zunächst
seitens der Deutschen auf große Skepsis stieß. Mittelfristig fie-
len diese Bemühungen dann allerdings doch auf fruchtbaren
Boden: Als die Amerikaner im Zuge der Währungsreform die
finanziellen Mittel für »Frauenarbeitsgemeinschaften« einfro-
ren, schossen solche Vereinigungen auch ohne Nachhilfe wie
Pilze aus der Erde. Politische oder gesellschaftspolitische
Aspekte indes standen bei den Interessen der Damen kaum im
Vordergrund. Laut einer Umfrage waren die Themen, die die
Frauen am meisten beschäftigten: »Wie bleibe ich jung und ge-
sund?«, »Essen, Trinken und dünn bleiben«, »Zeitersparnis

In der Nachkriegszeit kommt das öffentliche Leben unter Aufsicht
der Besatzungsmächte erst langsam wieder in Gang.

Rama Dama: Schutträumaktion am 29. Oktober 1949,
Marienplatz München.

im Haushalt« und »Stil und Moden«. Erst an fünfter Stelle
wurde »Die Frau und ihre Verantwortung für den Frieden« genannt. Umso herausragender ist die Leistung der Frauen einzu-
schätzen, die sich nicht einlullen ließen von den »Heile Welt«-
Träumen und dem Ideal der klassischen Rollenaufteilung, wie
sie in der Wirtschaftswunderzeit hochgehalten wurden, und die
mutig ihren eigenen Weg gingen.

Jella Lepman

1891 – 1970

Geboren am 15. Mail 1891 als älteste Tochter eines jüdischen Fabrikanten in Stuttgart • 1908 Gründung einer »Internationalen Lesestube« für Arbeiterkinder • 1913 Heirat mit dem Deutsch-Amerikaner Gustav Horace Lepman • 1919 Geburt der Tochter Annamaria; 1921 Geburt von Sohn Günther • 1922 Tod von Gustav Horace Lepman; Jella Lepman wird die erste weibliche Redakteurin des *Stuttgarter Tagblatts* • 1933 politisch bedingte Lösung des Arbeitsvertrags • 1935 Emigration nach England, Tätigkeit u.a. für die BBC • 1945 »Adviser« des amerikanischen Militärs für Frauen- und Jugendfragen, Rückkehr nach Deutschland • 1946 Organisation einer »Internationalen Kinder- und Jugendbuchausstellung« • 1947 Redakteurin bei der Zeitschrift *Heute*; Entwicklung der »Konferenz der Tiere« mit Erich Kästner und Luiselotte Enderle • 1949 Gründung der »Internationalen Kinder- und Jugendbibliothek« in München • 1953 Gründung des »Internationalen Kuratoriums für das Jugendbuch« (IBBY) in Zürich • 1956 Orientreise zur Verbreitung von Kinderliteratur im Auftrag der UNESCO • gestorben am 4. Oktober 1970 in Zürich.

Es ist der 29. Oktober 1945, als Jella Lepman in Frankfurt landet. Die Stadt liegt in Trümmern. Ein Jeep bringt die gebürtige Stuttgarterin, die das amerikanische Militär zum »Adviser« für Frauen- und Jugendfragen ernannt und mit dem Rang eines Major ausgestattet hat, durch ruinengesäumte Straßen nach Bad Homburg zum Hauptquartier. Menschen sind kaum zu sehen, sie huschen wie Schatten vorbei, suchen in den Schutthäufen nach Holz. Auf einmal winkt ein Mädchen, das auf einer halbzerbombten Treppe sitzt und, wie ein Wunder, eine Herbstblume in der Hand hält. Ein Bild, das Jella Lepman mitten ins Herz trifft. Sie liebt Kinder: Mit siebzehn richtete die Tochter eines jüdischen Fabrikanten im Osten ihrer Heimatstadt eine internationale Lesestube für Arbeiterkinder ein. Zehn Jahre später wird sie selbst Mutter: 1919 wird ihre Tochter, 1921 ihr Sohn geboren. Als ihr Mann Ende 1922 an den Folgen einer Erkrankung stirbt, die er sich im Ersten Weltkrieg zuzog, bleibt ihr nichts anderes übrig, als arbeiten zu gehen: Sie wird die erste weibliche Redakteurin des *Stuttgarter Tagblatts*, ist dort bis 1933 als Festangestellte und nach ihrer politisch bedingten Kündigung bis 1935 als freie Mitarbeiterin tätig. Dann entschließt sie sich zur Emigration – und beobachtet an ihren eigenen Kindern, wie sich diese Entwurzelung selbst auf Halbwüchsige auswirkt.

Porträt von Jella Lepman, undatierte Aufnahme.

In London wechselt sie zum Rundfunk – zunächst zur BBC, später zu einem amerikanischen Sender. Als nach der »Reichspogromnacht« 1938 Rettungstransporte mit jüdischen Kindern aus dem Deutschen Reich in Großbritannien eintreffen, nimmt Jella Lepman ein Mädchen bei sich auf. Eine Zeit, die ihr Denken verändert. »Immer klarer wurde mir«, schreibt sie in ihrem Buch »Die Kinderbuchbrücke«, »dass ich nicht zurück, sondern vorwärts schauen musste und bei den Kindern beginnen.« In Deutschland angekommen, beginnt sie, ihren Vorsatz in die Tat umzusetzen und zu versuchen, den Kindern, die zwischen den Trümmern hausen, wenigstens ein winziges Stück ihrer Kindheit zurückzugeben – mittels Büchern. Denn Kinderbücher gibt es in Deutschland keine mehr: Die ideologisch durchsetzte Kinderliteratur der Nazizeit ist, wenn überhaupt noch vorhanden, nicht mehr tragbar; anderes existiert nicht. Jella Lepman fasst den Plan, im Ausland Kinderbücher zu sammeln und diese in einer Wanderausstellung zu präsentieren; gleichzeitig will sie mit der Schau Verleger animieren, möglichst rasch deutsche Übersetzungen internationaler Kinder-Klassiker herauszubringen. Als sie ihrem vorgesetzten General die Idee vorschlägt, erntet sie eher zurückhaltendes Interesse – es fehlen die Mittel, eine solche Aktion zu finanzieren. Also bemüht sich Jella Lepman, die Bücher ohne finanzielle Unterstützung der amerikanischen Regierung zusammenzutragen. Es helfen: zwei Mitarbeiter der Rockefeller Foundation, die sich für die Idee begeistern lassen, und Lepmans unendliche Energie, die ihren Ansporn immer wieder in Begegnungen mit Kindern findet. »In Trauben hingen (die Kinder) an unserem Jeep, wenn wir irgendwo haltmachten. Ihre mageren, verwilderten Gesichter zeigten einen hungrigen Ausdruck (...) Ich sprach mit ihnen, fragte nach ihren Vätern und Müttern, nach ihrem Zuhause. (...) Die Geschichten, die sie erzählten, sachlich und un-

München nach den Zerstörungen
im Zweiten Weltkrieg, um 1945.

bewegt, die Erlebnisse, von denen sie berichteten: Erhängen, Erschießen, Mord, Raub, Verbrechen der niedrigsten Art, nichts war ihnen verborgen geblieben. Trotzdem waren ihre Augen Kinderaugen geblieben, das war das Wunderbare, kaum zu Fassende.«

Schließlich ist das Unmögliche geschafft: Am 3. Juli 1946 wird die »Internationale Jugendbuchausstellung« mit 4000 Titeln im vom Krieg beinahe unversehrt gebliebenen Haus der Kunst in München eröffnet, später wird sie in Stuttgart und Berlin gezeigt. Überall ist sie ein durchschlagender Erfolg. Zu Tausenden strömen Kinder, aber auch Erwachsene in die Schau, lassen sich von den Führern Bücher zeigen, Geschichten erzählen und dürfen sogar in der Ausstellung lesen. Weil sie weiß, wie

Eine Flüchtlingsfamilie am gemeinsamen Tisch
beim Lesen und Handarbeiten. Jella Lepman wollte den Kindern
in Deutschland mithilfe von Büchern wenigstens ein kleines
Stück ihrer Kindheit zurückgeben.

brennend sich die Kinder eigene Bücher wünschen, übersetzt
sie Munroe Leafs »Ferdinand der Stier« ins Deutsche und lässt
zu Weihnachten 1946 eine Auflage von 30 000 Exemplaren auf
Zeitungspapier drucken und in Berlin verteilen.

Nach Beendigung der Arbeit an der Jugendbuch-Ausstellung wird Jella Lepman nach München beordert: Als Redakteurin der vom US-Militär herausgegebenen Wochenzeitschrift
Heute arbeitet sie in einem Verlagsgebäude in der Schellingstraße ein Stockwerk über der Redaktion der *Neuen Zeitung*, in
der Erich Kästner das Feuilleton leitet. Rasch freundet man
sich an – Lepman berichtet ihm von ihren Plänen, nach der erfolgreichen Ausstellung eine konstante Sammlung von Kinder-
und Jugendbüchern einzurichten, und von der Idee zu einem
Buch: Weil Erwachsene sich in ihren immerwährenden Konferenzen nie einigen können und immer neue Kriege heraufbeschwören, nehmen die Tiere das Heft in die Hand, entführen
auf der ganzen Welt die Kinder und zwingen die Menschen so,
dauerhaften Frieden zu schließen. In den kommenden Wochen
schlendert Erich Kästner, einen Kater auf der Schulter, mit
seiner Lebensgefährtin Luiselotte Enderle allabendlich quer
durch Schwabing zu der Villa am Biedersteiner Park, in der Jella
Lepman einquartiert ist: »Gedenke ich jener Abende, wird mir
das Herz warm. Draußen war es Winter, schneeig und kalt, aber
die ersten Anzeichen einer Besserung in Deutschland waren
spürbar. Wir saßen in unserer geborgten Geborgenheit, tranken
Wein, knabberten (...) Süßigkeiten und warfen uns die Ideen
wie Bälle zu. Es knisterte und loderte in unseren Köpfen!«

1949 erscheint die »Konferenz der Tiere«, und auch die
zweite Herzensangelegenheit Lepmans nimmt feste Gestalt
an: Im September des Jahres eröffnet die Internationale Jugendbibliothek in einer Villa in der Schwabinger Kaulbachstraße.
»Noch immer liegt München in Dreck und Trümmern. (...)

Noch immer stehen hoffnungslose Schlangen in den Woh-
nungsämtern. Aber da ist ein Haus – eine ehemalige Villa (...) mit
einem großen Garten, in dem schon gejätet und gepflanzt wird.
Und dort hallt es von Kinderstimmen, lauten, unbekümmerten,
lachenden, singenden. Oder aber, es ist ganz still und in Räumen (...) sitzen Kinder herum, kleine, auch größere, schon halb
erwachsene Jugendliche jeden Alters, viele noch in ärmlich aus-
geflickter Kleidung (...). Sie lesen, sie haben Bücher aller Art und
aus allen Ländern (...) und sie haben, was Kinder brauchen: Ver-

Jella Lepman im Jahr 1948.

trauen, Heiterkeit, Frieden«, schreibt Carl Zuckmayer über die Atmosphäre in der von Jella Lepman geschaffenen Einrichtung. Sie ist, seit jenen Anfangsjahren, ein Treffpunkt für lesebegeisterte Kinder geblieben, daneben aber auch zur international größten Bibliothek für Kinder- und Jugendliteratur gewachsen, die zudem eine umfassende wissenschaftliche Beschäftigung mit dieser Literatursparte ermöglicht und sich als Anlaufstelle auch für jene versteht, die aus pädagogischer oder verlegerischer Sicht mit Jugendliteratur zu tun haben.

Auch nach dieser Herkulesleistung ruht Jella Lepman nicht: Um die Erarbeitung neuer, anspruchsvoller Kinderliteratur zu fördern, gründet sie 1953 in Zürich ein Internationales Kuratorium für das Jugendbuch – unter den ersten Mitgliedern sind Erich Kästner und Astrid Lindgren. 1956 reist sie im Auftrag der UNESCO durch die Türkei, den Libanon und Persien, um auch den dortigen Kindern internationale Jugendbücher nahezubringen. Noch in den späten Sechzigern, da ist sie weit über siebzig, engagiert sie sich für gute Jugendliteratur. Sie selbst berichtet von einer Begegnung auf der Frankfurter Buchmesse, als sich der Verleger Heinrich Maria Ledig-Rowohlt spontan bei ihr einhängt. »Günter, komm hierher«, rief er plötzlich – gemeint war Günter Grass. »Schreib ein Jugendbuch für Jella Lepman!« Lepman wiegelt ab, Grass jedoch meint, man müsse schleunigst zusammensitzen, und hängt sich auf der anderen Seite bei ihr ein. »Ich hatte das schlechthin unbeschreibliche Gefühl«, erinnert sich Lepman, »mit der zeitgenössischen Literatur (etwas schwergewichtlich) über die Messe zu ziehen.« Zu einer tatsächlichen Zusammenarbeit allerdings kommt es nicht mehr. Jella Lepman stirbt im Oktober 1970 in Zürich.

Luiselotte Enderle

1908 – 1991

*»Meinen etwas föhnigen Charakter dürfen
Sie nicht persönlich nehmen.
Ich schreie nur, um Luft zu kriegen.«*

Geboren am 19. Januar 1908 in Leipzig • 1926 Volontariat bei der Illustrierten *Beyers für Alle*, anschließend Tätigkeit als Redakteurin • 1927 Erste Begegnung mit Erich Kästner • 1937 Wechsel als Korrespondentin nach Berlin • 1939 Beginn der Liebesbeziehung mit Erich Kästner • 1944 Erich Kästner wird ausgebombt und zieht zu Luiselotte Enderle • 1945 Beginn der gemeinsamen Tätigkeit im Feuilleton der *Neuen Zeitung* • 1948 Leitung des Feuilletons • 1949 Entlassung bei der *Neuen Zeitung* wegen Sparmaßnahmen; stellvertretende Chefredakteurin der neu gegründeten *Münchner Illustrierten* • 1957 Entlassung nach einer Intrige des Chefredakteurs Hans Habe; Mitarbeit am Drehbuch des Films »Das Wirtshaus im Spessart« • 1960 Veröffentlichung einer Bild-Biografie über Erich Kästner • 29. Juli 1974 Tod Erich Kästners • gestorben am 3. November 1991.

I hre Chefin hatte Luiselotte Enderle gewarnt: »Flirte nicht
mit Kästner«, gab sie der 19-jährigen Volontärin mit auf den
Weg, als die Redaktion der Illustrierten *Beyers für Alle* 1927 den
100 000. Abonnenten feierte. Denn Kästner, obwohl erst acht-
undzwanzig, hatte bereits einen höchst zweifelhaften Ruf als
homme à femmes. An diesem Abend allerdings war er kaum zu
amourösen Abenteuern aufgelegt: Er hatte gerade seine Kündigung bei der *Neuen Leipziger Zeitung* erhalten und plante,
nach Berlin zu gehen. 1939 traf Luiselotte Enderle den Schriftsteller wieder – »Wir verliebten uns plötzlich. Es war nicht programmgemäß«, erinnert sie sich. »Nicht programmgemäß«
war allerdings auch der weitere Verlauf dieser Liebesbeziehung.
Zwar war sie bald eine feste Institution in seinem Leben – 1940
verbrachte man den Sommerurlaub bereits gemeinsam –, dennoch nahm es Erich Kästner mit der Treue nicht so genau. Eher
zwangsläufig zog das Paar 1944 zusammen: Kästner wurde ausgebombt und kam bei seiner Freundin unter, die mittlerweile in
Berlin als Dramaturgin bei der Ufa arbeitete. In der Schlusspha-
se des Zweiten Weltkriegs war sie es, die den im wahrsten Sinn
des Wortes rettenden Dreh einfädelte: Unter dem Vorwand
eines fingierten Filmprojekts setzten sich beide im Tross eines
heute legendären Drehteams ins Zillertal ab.

Anfang der Fünfzigerjahre in München entstandene
Aufnahme von Luiselotte Enderle.

Im Juni 1945 reisten die Beteiligten zurück nach Deutschland. Enderle landete mit Kästner in München: Er sollte bei der von den Amerikanern gegründeten *Neuen Zeitung* das Feuilleton übernehmen; sie wurde seine Stellvertreterin. Gerade dieses Ressort erfüllte das Anliegen des Blattes beispielhaft: Es versuchte, den Blick der Leser für das zu öffnen, was im Dritten Reich verpönt gewesen war – von zeitgenössischer Kunst bis zu ausländischer, in Deutschland verbotener Literatur –, und leistete Aufklärungsarbeit über die Greuel der NS-Zeit. Sein hohes Niveau blieb beispielhaft, auch als die *Neue Zeitung* längst eingestellt und die Nachkriegszeit verstrichen war. Da Kästner gleichzeitig »Die Konferenz der Tiere« und Beiträge für das neu gegründete Münchner Kabarett »Die kleine Freiheit« schrieb, war es vor allem Enderle, die die Redaktionsarbeit leistete; 1948 zog Kästner sich offiziell zurück und übergab ihr die Leitung des Ressorts. 1949 wechselte sie als stellvertretende Chefredakteurin zu der von Hans Habe gerade gegründeten *Münchner Illustrierten.*

Privat hatte sich das Verhältnis gefestigt. Zwar wollte Kästner keine Familie gründen; immerhin aber lebte er mit ihr zusammen und nahm sie zu offiziellen Anlässen mit. Waren allerdings, wie bei einer Sitzung der Schriftstellervereinigung PEN, nur Ehefrauen zugelassen, erhob er keinerlei Einspruch. Dann musste die Lebensgefährtin draußen bleiben.

Auch sonst waren ihr vor allem die Schattenseiten des Lebens in einer Partnerschaft zugedacht: Nachtmensch Kästner verbrachte nur die frühen Abendstunden zu Hause; man sah ein bisschen fern, unterhielt sich ... Gegen halb zehn packte er seine Bleistifte ein und ging »auf Montage«. Denn zum Schreiben saß er bevorzugt in Nachtclubs und Bars. Allerdings zog er nicht nur zum Arbeiten aus; er unterhielt auch eine Reihe deutlich jüngerer Freundinnen. Die Lebensgemeinschaft mit Enderle

Luiselotte Enderle und Erich Kästner
auf einem Faschingsball, 1950.

war ihm dabei ein willkommener Vorwand, um die Geliebten auf Distanz zu halten. Bei der Schauspielschülerin Friedel Siebert allerdings waren seine Gefühle ernsterer Natur. 1949 hatte er sie kennengelernt, am 15. Dezember 1957 kam der gemeinsame Sohn Thomas zur Welt. Das freudige Ereignis hielt Erich Kästner jedoch nicht davon ab, mit der ahnungslosen Luiselotte Enderle in den alljährlichen Weihnachtsurlaub nach Sankt Moritz aufzubrechen.

Auch wenn sie von dem Kind nichts wusste, vermutete sie die Existenz von Rivalinnen. Mehrere Privatdetektive spionierten Kästners nächtlichen Abenteuern nach, konnten aber keine Beweise liefern. Luiselotte Enderle begann hysterisch zu werden und griff häufiger zur Flasche, zumal auch beruflich nicht alles zum Besten stand, seit ihr 1957 bei der *Münchner Illustrierten* gekündigt worden war. 1960 erhielt sie den Auftrag, eine Bild-Biografie ihres Lebensgefährten zu schreiben. Sie stürzte sich in die Arbeit; Kästner nutzte die Chance, das für die Öffentlichkeit gezeichnete Bild seines Lebens in seinem Sinne zu be-

Links: Das eigene journalistische Werk von Luiselotte Enderle stand im Schatten ihres Lebensgefährten, des populären Schriftstellers Erich Kästner.
Rechts: Kästner liest an einem Schreibtisch den *Münchner Merkur*.

einflussen. Frauen spielten in dem Band überhaupt keine Rolle – nicht einmal die nun schon über zwanzig Jahre während Beziehung zu Luiselotte Enderle fand Erwähnung. Kästners Sohn, von dem die Autorin ja nichts ahnte, blieb ohnehin außen vor. Doch kaum war die Biografie erschienen, da kam die Existenz von Thomas ans Licht. Enderle schäumte: Als Verfasserin einer Biografie, die ihn mit keiner Silbe erwähnte, war sie bis auf die Knochen blamiert; als Lebensgefährtin fühlte sie sich betrogen und verletzt. Sie stieß wüsteste Beschimpfungen aus und versuchte Friedel Siebert nachzustellen. Das persönliche wie berufliche Umfeld des Paars war von Enderles drastischem Verhalten entsetzt; ihre verzweifelten Versuche, um Verständnis für ihre Sicht der Dinge zu werben, fanden nirgendwo Gehör.

Die nun folgenden Jahre waren für alle Beteiligten alles andere als einfach: Kästner liebte seine junge Familie, brachte es aber nicht fertig, sich von Enderle zu trennen. Auch er sprach nun immer häufiger dem Alkohol zu, schrieb kaum noch. Was er seit den späten Sechzigern publizierte – Sammelbändchen humoristischer Literatur –, verkaufte sich mehr über den Namen denn über die inhaltliche Qualität. Der populäre Schriftsteller starb 1974; Enderle überlebte ihn um siebzehn Jahre, die sie der Verwaltung seines Nachlasses und der Pflege eines leicht geschönten Kästnerbildes widmete. Als Kästner-Biografin ist sie in Erinnerung geblieben; ihr eigenes journalistisches Werk geriet in diesem Schatten in Vergessenheit.

Christa Spangenberg

1928 – 2003

*»Kinder können nicht früh genug für die Kunst
empfänglich gemacht werden.«*

Geboren am 30. Mai 1928 in München • 1934 Nazis ermorden den Va-
ter; die Familie taucht am Starnberger See unter. Bis 1945 wechselt
Christa Spangenberg deshalb fünfzehn Mal die Schule • 1938 bis 1940
Improvisationsunterricht bei Carl Orff • 1946 Ehe mit dem Diplom-
Chemiker Berthold Spangenberg, Gründung der Nymphenburger
Verlagshandlung • 1948, 1952 Geburt der Söhne Christian und Eber-
hard • 1960 Eintritt in die Nymphenburger Verlagshandlung • 1962
Lektorierung und Umarbeitung von »Elly Petersens praktischem
Gartenlexikon« • 1967 Christa und Berthold Spangenberg übernehmen den Ellermann Verlag, Christa Spangenberg wird Verlegerin und
spezialisiert sich auf Kinder- und Jugendbücher • 1972 Begründung
der Serie mit »Uhren«-Kinderbüchern, die mit einer Gesamtauflage
von 1,7 Millionen Exemplare erscheinen • ab 1979 Engagement für die
Internationale Jugendbibliothek • 1986 Tod Berthold Spangenbergs •
1994 Gründung der Stiftung Internationale Jugendbibliothek •
gestorben am 18. September 2003.

Es war ein Sprung ins kalte Wasser, als Christa Spangenberg 1960 in der Nymphenburger Verlagshandlung anfing. Sie war zweiunddreißig Jahre alt, »die Frau des Chefs« und gleichzeitig ahnungsloser als jede Sekretärin. Nicht einmal eine Ausbildung oder einen Studienabschluss hatte sie vorzuweisen. Denn als sie sechs Jahre alt gewesen war, hatten die Nazis ihren Vater ermordet, fortan musste die Familie untertauchen, Christa bis zum Ende der Diktatur fünfzehn Mal die Schule wechseln. Zwei Jahre immerhin genoss sie kontinuierlichen Kompositions- und Improvisationsunterricht bei Carl Orff, der ihre große musikalische Begabung erkannte. Ausbauen konnte sie dieses Talent, der Umstände halber, nicht. Bevor sie 1946 Berthold Spangenberg heiratete, arbeitete sie in einer Metzgerei, um die Familie zu unterstützen.

Durch die Hochzeit bekam ihr Leben eine andere Wendung: Spangenberg hatte gerade mit Gerhard Weiß und Curt Vinz die Nymphenburger Verlagshandlung gegründet; im Heim des jungen Ehepaars verkehrten die wichtigsten Autoren der deutschen Nachkriegsliteratur. Aus den Verlagsgeschäften allerdings wollte sich Christa Spangenberg heraushalten; sie kümmerte sich um ihre beiden Söhne und um ihren geliebten Garten.

Eine Vakanz im Verlag und die Überredungskünste ihres

Porträtfoto von Christa Spangenberg, aufgenommen
von Fee Schlapper, um 1972/73.

Mannes bewirkten ein Umdenken. Rasch begann ihr die Arbeit ans Herz zu wachsen. 1962 übertrug Berthold Spangenberg ihr das erste Lektorat – es ging um einen Gartenband. Als »Elly Petersens praktisches Gartenlexikon« 1964 schließlich erschien, hatte Christa Spangenberg 80 Prozent des Inhalts umgeschrieben und ein Buch herausgebracht, das sich 150 000 Mal verkaufte. In den folgenden Jahren entwickelte sie auch ein reges Interesse am Kinder- und Jugendbuchsektor, der seit den späten Fünfzigern eine nie dagewesene Blüte erlebte. Als sie 1967 erfuhr, dass der kleine Ellermann Verlag zum Verkauf stand, der auch Kinderbücher im Programm hatte, übernahmen sie und ihr Mann das Haus; Christa Spangenberg wurde die Verlagsleiterin. Nun tauchte sie in eine Materie ein, die ihr, auch vor dem Hintergrund der schwierigen Umstände ihrer eigenen Kindheit, zur Herzensangelegenheit geworden war: Sie spezialisierte ihren Verlag auf schöne und engagierte Kinderbücher. Ein Augenmerk ruhte dabei auf Künstler-Bilderbüchern; daneben widmete sie sich der Entwicklung kindgerechter Sachbücher – zu jener Zeit eine Novität: Sachthemen kannte man bislang nur in der nüchternen Aufbereitung von Schulbüchern. Einige der ersten Titel dieser neuen Serie schrieb sie selbst: zum Beispiel »Die grüne Uhr« und »Die Garten-Uhr«, die den Jahreslauf im Garten erklärt. Diese »Uhren-Bücher« wurden ein solcher Erfolg, dass zwölf verschiedene Bände herauskamen – mit einer Gesamtauflage von 1,7 Millionen Exemplaren.

Als sich Anfang der Neunzigerjahre abzeichnete, dass die »goldene Zeit« des Kinderbuches endgültig vorbei war, entschloss sich die inzwischen 64-Jährige, den Verlag zu verkaufen. Ihr Engagement für das Kinderbuch endete damit jedoch noch lange nicht: Bereits 1979 war sie in den Vorstand der von Jella Lepman gegründeten Internationalen Jugendbibliothek (IJB) berufen worden. Mit der Institution stand es nicht zum Besten:

Vom angestammten Sitz in der Kaulbachstraße, der aus allen
Nähten platzte, sollte die Bibliothek in das am Obermenzinger
Stadtrand gelegene historische Schloss Blutenburg verlagert
werden, das ohnehin saniert werden musste. Dieser Umzug
barg zwar große Vorzüge – auf die Bedürfnisse der Bibliothek
maßgeschneiderte Räumlichkeiten, Platz, um die ständig wachsenden Bestände unterzubringen –, aber auch einen erheblichen
Nachteil: Die Präsenz als Treffpunkt und Anlaufstelle würde
durch die abseitige Lage im Bewusstsein vieler Jugendlicher verlorengehen. Und im Vorstand des Trägervereins der IJB saßen
zunehmend Stadtpolitiker, die vor allem das Wohl des Schlos-
ses Blutenburg im Auge hatten.

So war der Umzug 1983 rasch beschlossene Sache; die energische Christa Spangenberg gehörte zu den wenigen, die immer
wieder auf den sich abzeichnenden Bedeutungsverlust hinwie-

Christa Spangenberg in fröhlicher Stimmung während eines
Betriebsausflugs, um 1964/65.

sen. Nach der Verlagerung in die Blutenburg spitzte sich die Situation weiter zu: Dem Trägerverein traten vor allem Obermenzinger bei, die in der IJB primär ein Angebot an die Kinder der Umgebung sahen. Spangenberg versuchte gegenzusteuern und warb im Buchhandel und bei Verlagen um Unterstützung

Der Stand des Ellermann Verlags auf der Frankfurter Buchmesse 1986. Die »Ellermann mini-Bücher« vorne, im Hintergrund die »Uhren-Serie« und zahlreiche mit dem Deutschen Jugendbuchpreis ausgezeichnete Bücher des Verlags.

für eine Institution, zu deren Aufgaben es *auch* gehörte, mit ihrer Büchersammlung und ihrer wissenschaftlichen Kompetenz auf Kinder ausgerichtete Verlagsprogramme zu fördern und das Jugendbuch zu stärken.

Als die Stadt München wegen des inzwischen schlechten Rufs des Hauses die Zuschüsse einfror und Stadträte versuchten, Christa Spangenbergs Wahl zur Präsidentin des Trägervereins zu torpedieren, eskalierte der Konflikt. Spangenberg, die damals gerade den Ellermann Verlag verkauft hatte, widmete sich nun mit voller Verve der Suche nach einer Lösung, die die Erhaltung der internationalen Bedeutung der IJB ermöglichte. Ihr gelang es, die Bibliothek vom Trägerverein zu »entkoppeln« und eine Stiftung zu gründen, die die Jugendbibliothek finanziert. Die entscheidende Wende war herbeigeführt.

Heute ist die IJB im Schloss Blutenburg ein friedlicher Ort, der zum einen anspruchsvolle Angebote für die bereithält, die sich beruflich mit dem Thema Jugendbuch beschäftigen, und zum anderen mit Ausstellungen, Festen, Lese- und Schreibworkshops Kinder und Jugendliche aus Stadt und Umland anspricht. Denn die zentrale Aufgabe einer Bibliothek in Zeiten der Informationsflut ist es nicht mehr, Kindern Lesestoff zu verschaffen, sondern zu versuchen, Jugendliche überhaupt wieder auf das Medium Buch neugierig zu machen. Wenn Hauptschüler in der Idylle der Blutenburg zusammensitzen und bei einem Leseprojekt hitzig über Bücher diskutieren, dann lebt hier das Vermächtnis zweier energischer Frauen, von Jella Lepman wie von Christa Spangenberg, weiter.

Literatur

Bernstein, Elsa: *Das Leben als Drama. Erinnerungen an Theresienstadt.* Hamburg 1999.

Dünnebier, Anna / Scheu, Ursula: *Die Rebellion ist eine Frau. Anita Augspurg und Lida G. Heymann. Das schillerndste Paar der Frauenbewegung.* Kreuzlingen / München 2002.

Egbringhoff, Ulla: *Franziska zu Reventlow.* Reinbek 2009.

Festner, Katharina / Raabe, Christiane: *Spaziergänge durch das München berühmter Frauen.* Zürich 2008.

Flügge, Manfred: *Die vier Leben der Marta Feuchtwanger.* Berlin 2010.

Garz, Detlef / Knuth, Anja: *Constanze Hallgarten. Porträt einer Pazifistin.* Hamburg 2004.

Goepfert, Günter: *Das Schicksal der Lena Christ.* Rosenheim 2004.

Hanuschek, Sven: *Keiner blickt dir hinter das Gesicht. Das Leben Erich Kästners.* München 1999.

Jüngling, Kirsten / Roßbeck, Brigitte: *Katia Mann. Die Frau des Zauberers.* Berlin 2004.

Krafft, Sybille: *Zwischen den Fronten. Münchner Frauen in Krieg und Frieden 1900–1950.* München 1995.

Lepman, Jella: *Die Kinderbuchbrücke.* Frankfurt am Main 1964.

Mann, Erika: *Blitze überm Ozean. Aufsätze, Reden, Reportagen.* Reinbek 2000.

Martynkewicz, Wolfgang: *Salon Deutschland. Geist und Macht 1900–1945.* Berlin 2009.

Meister, Monika u. a.: Rundfunkmanuskripte für Beiträge der Reihe »Bayern, Land und Leute«, ausgestrahlt auf dem Sender Bayern2 Radio des Bayerischen Rundfunks, 1986–2003.

Schwab, Hans-Rüdiger (Hg.): *München. Dichter sehen eine Stadt.* Stuttgart 1990.

Spies, Gerty: *Bittere Jugend. Ein Roman von Verfolgung und Überleben im Nationalsozialismus.* Frankfurt am Main 1997.

Strohmeyr, Armin: *Annette Kolb. Dichterin zwischen den Völkern.* München 2002.

Tworek, Elisabeth: *»... und dazwischen ein schöner Rausch«. Dichter und Künstler aus aller Welt in München.* München 2008.

Wilhelm, Hermann: *Die Münchner Bohème. Von der Jahrhundertwende bis zum Ersten Weltkrieg.* München 1993.

Bildnachweis

akg-images, Berlin: Seite 30, 88, 91, 140/141

bpk, Berlin: 70, 85, 118

Feuchtwanger Memorial Library, University of Southern California, Los Angeles: 92

Edda Greif, Fürstenfeldbruck: 137, 138

Interfoto, München: 61

Klassik Stiftung Weimar, Herzogin Anna Amalia Bibliothek, Projekt »Simplicissimus«: 10

Monacensia Literaturarchiv und Bibliothek, München: 16, 19, 41, 54, 67, 68, 132 links

picture-alliance, Frankfurt am Main: 22, 44

Privatbesitz aus dem Nachlass von Theo Prosel: 48

Stadtarchiv München: 108

Süddeutsche Zeitung Photo, München: Umschlagfoto (Hintergrund), 20/21, 25, 26, 33 rechts, 42, 46, 56, 62, 64, 72 links, 74, 78, 94, 96, 97, 98/99, 100, 104, 106, 110, 112, 114, 117, 120, 123, 124, 126, 128, 131, Umschlagrückseite links und rechts

ullstein bild, Berlin: Umschlagfoto (Vordergrund), 28, 34, 36, 38, 50, 53, 77, 82, 86, 103, Umschlagrückseite Mitte

Weitere Nachweise über das Bildarchiv des Insel Verlags.